Arbeit und Selbstverwirklichung

Projektarbeit als zukünftige Arbeitsform

von Lars Grünewald

Herstellung und Verlag:
BoD – Books on Demand, Norderstedt.

ISBN: 978-3-7528-3147-4

Inhalt

www.selbstorganisierte-bildung.de

1) Soziale Selbstverwirklichung als Bildungsziel

Individuelle Selbstverwirklichung und gesellschaftliche Integration als polare Bildungsziele

In allen Bildungsprozessen geht es um den Erwerb und die Entwicklung menschlicher Fähigkeiten. Doch wozu sollen Fähigkeiten eigentlich ausgebildet werden? Die Antwort auf diese Frage bestimmt die grundlegende Zielsetzung von Bildung. Die fundamentalen – gewissermaßen strategischen – Ziele von Bildungsprozessen bewegen sich prinzipiell zwischen zwei einander entgegengesetzten Extremen, nämlich einerseits der individuellen Selbstverwirklichung des einzelnen Menschen und andererseits dessen Integration in die Gesellschaft.

- Dem Bildungsansatz der individuellen Selbstverwirklichung geht es primär darum, die vorhandenen Anlagen und Talente – das Potenzial – des einzelnen Menschen zu entfalten, damit dieser mit Hilfe entsprechend ausgebildeter Fähigkeiten seine selbstgesteckten Lebensziele in möglichst großem Umfang verwirklichen kann. Ein solches Bildungsverständnis wird darauf abzielen, vor allem solche Fähigkeiten zu entwickeln, die für eine gelingende Selbstverwirklichung der jeweiligen menschlichen Persönlichkeit erforderlich sind.

- Die Bildungsperspektive der gesellschaftlichen Integration hingegen betrachtet den Menschen vorwiegend als ein Gemeinschaftswesen und fragt deswegen, über welche Fähigkeiten Menschen verfügen müssen, um sich in die sozialen, kulturellen, politischen und wirtschaftlichen Zusammenhänge ihres gesellschaftlichen Umfeldes angemessen eingliedern zu können. Ein wesentlicher Gesichtspunkt hierbei ist das Interesse der Gesamtgesellschaft daran, dass der Einzelne durch seine Aktivitäten dem gesellschaftlichen Zusammenleben in möglichst hohem Umfang nützt und in möglichst geringem Ausmaß schadet.

2

Einseitigkeiten

Wird nun eine dieser beiden fundamentalen Bildungsperspektiven einseitig – d.h. ohne Berücksichtigung des entgegengesetzten Standpunktes – forciert, so führt dies unweigerlich zu negativen, durchaus dramatischen Konsequenzen:

- Bei ausschließlicher Betonung des Aspektes der individuellen Selbstverwirklichung wird der betreffende Mensch darin gefördert, ausschließlich an sich selber zu denken und sich bei der kompromisslosen Verfolgung seiner Ziele rücksichtslos gegenüber anderen zu verhalten, indem er seine Intentionen auf deren Kosten und zu ihrem Nachteil durchzusetzen sucht: Der Mensch droht bei Vernachlässigung des Aspekts der gesellschaftlichen Integration zu einem *antisozialen* Wesen zu werden.

- Die einseitige Verfolgung des Zieles der gesellschaftlichen Integration hingegen nötigt Menschen dazu, sich fraglos den bestehenden Verhaltensnormen derjenigen Gemeinschaften anzupassen, in denen sie leben und handeln (Familie, Arbeitsbeziehungen, Interessengruppen, Gesamtgesellschaft usw.). Derartige Anforderungen unterdrücken und vernichten in letzter Konsequenz die menschliche Individualität, sofern diese nicht gesellschaftskonforme Ziele verfolgt: Der Mensch wird bei Vernachlässigung des Aspekts der individuellen Selbstverwirklichung zu einem ausschließlich gruppenkonformen, im negativen Sinne *selbst- bzw. individualitätslosen* Wesen erzogen.

Es wird sich demnach bei einer einigermaßen ausgewogenen Betrachtungsweise der Vor- und Nachteile beider einander diametral entgegengesetzter Bildungsperspektiven nicht empfehlen, einseitig einen der beiden Standpunkte als ausschließliches Bildungsziel zu fixieren.

Systemanpassung als Leitziel der gegenwärtigen Bildungspolitik

Die gegenwärtige gesellschaftliche Bildungspolitik zielt nahezu ausschließlich auf die Integration des einzelnen Menschen in die Gesellschaft ab. Ursache hierfür ist die unbedingte Entschlossenheit der führenden politischen und wirtschaftlichen Kräfte, das von ihnen angestrebte politische und wirtschaftliche System um jeden Preis zu erhalten bzw. ihm eine ihren eigenen Interessen entsprechende Gestalt zu geben. Dieses Ziel wird zu erreichen gesucht, indem die Menschen durch rechtzeitige Erziehung von vornherein an die bestehenden Strukturen und an die Zielsetzungen ihrer Machteliten angepasst werden. Bildung hat hier demnach eine ganz einseitige *Anpassungsfunktion*, die ich in einer anderen Veröffentlichung folgendermaßen beschrieben habe:

> „Statt unserer Gesellschaft neue Perspektiven und Potenziale durch die intensive Förderung individueller Fähigkeiten zu erschließen, setzt die momentan betriebene Bildungspolitik auf die kompromisslose Anpassung der Menschen an die bestehenden gesellschaftlichen Strukturen, nämlich an unser gegenwärtiges Wirtschaftssystem und an das politische System der durch die Europäische Union betriebenen europäischen Zentralisierung: Das antisoziale, bis in die Grundlagen unserer Gesellschaft hinein zerstörerisch wirkende Dogma von der Konkurrenz aller Kräfte innerhalb des Wirtschaftslebens einerseits sowie das Prinzip der Anpassung aller individuellen Bestrebungen an das zentralistische Steuerungssystem der EU, das zunehmend alle nationalen Gesetzgebungsprozesse determiniert und die Bewohner ihrer Mitgliedsstaaten zu Folgsamkeit und Gleichschaltung zwingt, stellen die übergeordneten Leitlinien gegenwärtiger Gesellschaftspolitik dar.

> Soll das bestehende System der wirtschaftlichen Konkurrenz und der politischen Determination weiterhin gesichert und ausgebaut werden, so bedarf dies einer entsprechenden Bildungspolitik, die auf diese beiden Prinzipien fixiert ist und dafür sorgt, dass in den staatlich sanktionierten Schulen und Hochschulen Menschen herangebildet werden, die ausschließlich daraufhin dressiert werden, sich diesen Strukturen anzupassen und innerhalb unseres wirtschaftlichen und politischen Systems problemlos zu funktionieren. Diesen Ansatz verfolgt die gegenwärtige Bildungspolitik ganz er-

4

sichtlich, weil von einem auf den Erhalt der gegenwärtigen gesellschaftlichen Strukturen ausgerichteten Bildungssystem keine Gefahr für die Stabilität des Gesamtsystems ausgeht."[1]

Das Ergebnis einer derart rücksichtslosen und eklatant menschen-
feindlichen Politik ist die systematische Deformierung menschlicher
Persönlichkeiten, ihrer Biografien sowie ihrer Entwicklungschancen,
selbstbestimmte Zielsetzungen mittels hierzu ausgebildeter Fähigkeiten
verfolgen zu können. Eine solche systematische Vernichtung der biografischen Entwicklungsmöglichkeiten weiter Teile der Gesamtbevölkerung muss natürlich schwerwiegende seelische Schädigungen bei den
betroffenen Menschen hervorrufen, und zwar keineswegs nur bei Kin-
dern und Jugendlichen (als den Opfern schulischer und universitärer An-
passungsprozesse), sondern auch bei Erwachsenen, für deren Aus- und
Weiterbildung ihre „Verwendbarkeit auf dem Arbeitsmarkt" das einzige
förderungswürdige Kriterium zu sein scheint. Hierbei wird es noch nicht
einmal als relevant angesehen, ob der „Arbeitssuchende" eine volkswirt-
schaftlich nützliche und sinnvolle Arbeit findet; vielmehr kommt es der
gegenwärtigen Arbeitsmarktpolitik lediglich darauf an, eine möglichst
geringe Anzahl von Sozialleistungsempfängern finanzieren zu müssen,
und zwar ungeachtet der individuellen und gesellschaftlichen Folgeschäden, die mit einer derartig eindimensionalen Politik verbunden sind.

Individualisierung der Bildung

Um der gegenwärtigen, flächendeckenden Beschädigung menschlicher Biografien und Entwicklungsmöglichkeiten wirkungsvoll begegnen
zu können, müsste sich unser Bildungssystem von dem staatlich verord-
neten Anpassungsterror – d.h. von dem einseitigen Zwang zur Integration aller Menschen in die bestehenden politischen und wirtschaftlichen
Strukturen – befreien. Der Weg zu einem menschengemäßen Bildungssystem wäre vielmehr verstärkt an der Zielsetzung einer individuellen
Förderung von Menschen bei der Verwirklichung ihrer Anlagen und

---

[1] Lars Grünewald: *Selbstorganisierte Bildung,* Norderstedt 2013, S. 5f.

Lebensintentionen auszurichten. Ein solches, an humanistischen Traditionen orientiertes Bildungsverständnis fasst Bildung als eine Hilfestellung zur Persönlichkeitsentwicklung des einzelnen Menschen auf. Um diese Perspektive realisieren zu können, braucht eine Gesellschaft allerdings Pädagogen, die in der Lage sind, die individuellen Talente und Entwicklungsperspektiven von Menschen zu erkennen und methodisch gezielt zu fördern sowie seelische Entwicklungsprobleme zu diagnostizieren und zu behandeln.

Dies setzt wiederum erhebliche Fähigkeiten bei den betreffenden Pädagogen voraus, weswegen ein auf die individuelle Förderung von Menschen ausgerichtetes Bildungssystem Pädagogen entsprechend *ausbilden* und ihnen insbesondere die individuelle Ausübung dieser Fähigkeiten auch *gestatten* muss, denn individuelle Förderung kann nur von einzelnen Menschen, niemals hingegen von einer Institution oder gar von einem System ausgehen. Wir bräuchten demnach angesichts der gegenwärtigen desolaten Lage unseres Bildungssystems dringend eine *Individualisierung der Bildung* und – als deren Voraussetzung – eine auf dieses Ziel ausgerichtete Ausbildung von Pädagogen, d.h. eine entsprechende Lehrerbildung.

Soziale Selbstverwirklichung

Bei aller erforderlichen Individualisierung der Bildung darf nun allerdings der entgegengesetzte Aspekt der gesellschaftlichen Integration nicht vernachlässigt werden, und zwar durchaus auch im Interesse des einzelnen Menschen: Individuelle Selbstverwirklichung findet niemals außerhalb der Gesellschaft statt. Vielmehr ist jeder Mensch in die bestehenden sozialen, kulturellen, politischen und wirtschaftlichen Strukturen einbezogen und tritt mit ihnen in Wechselwirkung, auch wenn er sich zu ihnen in ein kritisches oder sogar ablehnendes Verhältnis setzt. Ein ausreichendes Maß der Anpassung an gebräuchliche Umfangsformen, geltende Gesetze und an allgemein praktizierte Wirtschaftsformen ist für jeden Menschen notwendig, um seine eigenen Entfaltungsmöglichkeiten nicht ganz erheblich einzuschränken sowie mit einer ausreichenden

Rechtssicherheit leben und seine wirtschaftlichen Bedürfnisse befriedigen zu können. Und natürlich haben auch andere Menschen im Interesse ihrer eigenen freien Selbstverwirklichung einen Anspruch darauf, dass der Einzelne nicht zügellos seinen Eigeninteressen nachgeht und dabei die Entfaltungsmöglichkeiten und die legitimen Rechte anderer verletzt.

Weil jeder Mensch seinen Freiraum nur dann zur Selbstverwirklichung nutzen kann, wenn er vor eigenmächtigen Übergriffen anderer geschützt wird sowie in kulturellen und wirtschaftlichen Austausch mit anderen treten kann, erweist sich eine hinreichende gesellschaftliche Integration als unverzichtbarer Bestandteil einer individualitätsfördernden Bildung. Vom Gesichtspunkt der individuellen Selbstverwirklichung aus betrachtet stellt sich allerdings immer die Frage, bis zu welchem Grad gesellschaftliche Anpassung der Entwicklung des einzelnen Menschen noch förderlich ist, und ab wann Menschen zu Verhaltensformen gezwungen werden, die ihren freien Selbstausdruck und ihre Entfaltungsmöglichkeiten unangemessen einschränken.

Da demnach das Motiv der individuellen Selbstverwirklichung durch den Aspekt der gesellschaftlichen Integration ergänzt werden muss, kommt es darauf an, eine ausgewogene Synthese beider einander entgegengesetzter Bestrebungen als leitendes Bildungsziel zu formulieren. Eine solche Synthese können wir durch den allgemeinen Begriff der *Sozialen Selbstverwirklichung* kennzeichnen.

Individualisierte Bildung als gesellschaftliche Notwendigkeit

Ebenso wenig, wie individuelle Selbstverwirklichung ohne ein hinreichendes Maß an gesellschaftlicher Integration gelingen kann, so ist umgekehrt ein befriedigendes gesellschaftliches Zusammenleben ohne die freie Entfaltung individueller menschlicher Fähigkeiten unmöglich: Indem eine Gesellschaft alle Menschen den jeweils bestehenden Gesetzmäßigkeiten und Bildungszielen anpasst und unterwirft, unterdrückt sie systematisch die Ausbildung neuer Fähigkeiten. Eine solche Gesellschaft muss dann sowohl kulturell als auch politisch und wirtschaftlich stagnieren und verkümmern. Und in der Tat ist unsere Gesellschaft von diesem Problem infolge der allgegenwärtigen Vereinheitlichungsbestrebungen in erheblichem Ausmaß betroffen.

Bildung fördert nämlich nicht nur die Selbstverwirklichung des einzelnen Menschen, sondern stellt zugleich eine grundlegende Voraussetzung für die Entwicklungs- und Reformfähigkeit einer Gesellschaft dar. Die Förderung individueller Fähigkeiten ist daher nichts, vor dem die Gesellschaft durch die Zwangsregulierungen eines Obrigkeitsstaates geschützt werden müsste; vielmehr wäre die freie und ungehinderte Förderung von Fähigkeiten durch eine von staatlichen Zwängen befreite Bildung die einzige Perspektive für die Lösung unserer sozialen Probleme, die ja gerade durch die Strukturen unseres gegenwärtigen Systems verursacht worden sind. Folglich käme es darauf an, individuelle Selbstverwirklichung und gesellschaftliche Interessen nicht gegeneinander auszuspielen, sondern zu begreifen, dass die freie Entfaltung menschlicher Fähigkeiten die Voraussetzung jeder Weiterentwicklung einer Gesellschaft im Interesse der in ihr lebenden Menschen darstellt: Wie sollte sich eine Gesellschaft denn weiter entwickeln können ohne die Weiterentwicklung ihrer einzelnen Mitglieder, da doch die Gesellschaft nichts anderes ist als die Summe der in ihr lebenden Einzelpersönlichkeiten?

Was bedeutet „Soziale Selbstverwirklichung" in der Praxis?

Bis jetzt ging es darum, den Begriff der *sozialen Selbstverwirklichung* als Leitziel moderner Bildung zu formulieren, indem sich dieser Begriff als notwendige Synthese der beiden einander entgegengesetzten Zielsetzungen der individuellen Selbstverwirklichung und der gesellschaftlichen Integration ergab: *Unsoziale Selbstdurchsetzung des Einzelnen* und *individualitätsfeindlicher Integrationszwang* sind die beiden negativen Haupttendenzen, die es zu bekämpfen und zwischen denen es zu vermitteln gilt. Momentan überwiegt in der Bildungspolitik ganz eindeutig die Tendenz zur Vernichtung des Individuellen, weswegen die Hauptbestrebungen einer menschengemäßen Korrektur der gegenwärtigen Bildungsmisere auf eine Individualisierung von Bildungsformen und -prozessen gerichtet sein müsste, ohne dabei das notwendige Moment der Integration des Einzelnen in die Gesellschaft zu vernachlässigen, und zwar sowohl im Interesse des Einzelnen wie auch der Gesamtgesellschaft.

Welche Konsequenzen hat nun aber das allgemeine Bildungsziel der sozialen Selbstverwirklichung für die Gestaltung der Bildungspraxis? Um diese Frage beantworten zu können, müssten wir in einem ersten Schritt klären, was *soziale Selbstverwicklung* konkret bedeutet, d.h. in welchen Lebensbereichen und auf welche Weise sich Menschen überhaupt sozial verwirklichen können. Von dort aus ließen sich dann die *Fähigkeiten* ermitteln, über welche ein Mensch verfügen muss, damit ihm seine eigene soziale Selbstverwirklichung gelingen kann. Und erst, wenn diese Fähigkeiten bekannt sind, lässt sich sinnvoll danach fragen, wie denn nun *Bildungsformen und Bildungsprozesse* zu gestalten sind, damit sich die erforderlichen Fähigkeiten möglichst wirkungsvoll vermitteln und erwerben lassen.

2) Arbeit und Selbstverwirklichung

Arbeit als Selbstverwirklichung

Es dürfte einigermaßen offensichtlich und deswegen unstrittig sein, dass sich Menschen vor allem in dem verwirklichen, was sie *tun*. Das menschliche *Handeln* ist insofern der wichtigste Schauplatz und das primäre Mittel bzw. Organ der individuellen Selbstverwirklichung. Wie verwirklichen wir uns in unserem Handeln?

Zunächst einmal können wir uns zu bestimmten Handlungen entschließen, weil wir dazu eine entsprechende Neigung verspüren: Wir haben *Lust* dazu, etwas ganz Bestimmtes zu tun. Die Tätigkeit selber ist hier der Gegenstand der Selbstverwirklichung, wenn wir etwa eine bestimmte Sportart betreiben, uns künstlerisch betätigen, Ausflüge und Reisen unternehmen, uns mit anderen Menschen treffen, Gespräche führen usw. Im Anschluss an Rudolf Steiner können wir dieses Motiv unseres Handelns als *Liebe zum Handeln* charakterisieren.[2] In diesem Falle verwirklichen wir unsere Intentionen unmittelbar im Handeln selber.

Eine andere Möglichkeit der Selbstverwirklichung besteht darin, dass uns unser Handeln gar keine besondere Freude bereitet, wir es vielleicht sogar als lästig oder beschwerlich empfinden. Unser Interesse richtet sich allerdings in solchen Fällen auch gar nicht auf das Handeln selbst, sondern auf das Ergebnis unseres Handelns, d.h. auf das *Resultat*, das wir durch unsere Tätigkeit verwirklichen oder erschaffen wollen. Die Tätigkeit selber ist hier kein Selbstzweck, sondern ein bloßes *Mittel* zu dem Zweck, ein bestimmtes Resultat hervorzubringen. Wenn unsere bewusste Tätigkeit aber Mittel zu einem bestimmten Zweck ist, dann sprechen wir von *Arbeit*. Ist unser Handeln hingegen ein reiner Selbstzweck ohne die Absicht, ein bestimmtes Resultat dabei hervorzubringen, dann handelt es sich für uns nicht um Arbeit, sondern um eine Beschäftigung aus reiner Neigung.

---

[2] Vgl. Rudolf Steiner, *Die Philosophie der Freiheit*, GA 4, Dornach 1978[14], S. 162-166.

Arbeit kann also ein wesentlicher Bestandteil der Selbstverwirklichung sein, indem wir unsere Willensintentionen dadurch verwirklichen, Gegenstände und Resultate zu produzieren, deren Erschaffung uns die hierfür aufzuwendende Mühe wert ist. Der eigentliche Gegenstand der Selbstverwirklichung ist hierbei das, was wir hervorbringen wollen; und die Arbeit ist ein unentbehrliches Mittel zu diesem Zweck, weswegen wir den für uns erforderlichen Aufwand in Kauf nehmen. Im Gegensatz zur *Liebe zum Handeln* können wir unser Motiv für das zuletzt gekennzeichnete Handeln als *Liebe zum angestrebten Ergebnis des Handelns* oder auch als *Liebe zu dem von uns Hervorgebrachten* kennzeichnen. Somit haben wir unsere aus eigenem Antrieb vollzogenen Tätigkeiten aufgeteilt in 1) *Handlungen als Selbstzweck* sowie 2) *Handlungen als Mittel zum Zweck*, die wir als Arbeit bezeichnen.

Nun schließen diese beiden Motive einander allerdings keineswegs aus, denn es ist ja durchaus möglich, dass wir sowohl dem Ergebnis unseres Tuns als auch der zur seiner Hervorbringung erforderlichen Tätigkeit eine intensive Neigung entgegenbringen. In einem solchen Fall verrichten wir unsere Arbeit gerne, und zwar prinzipiell auch unabhängig von deren Ergebnis. Die in diesem Falle vorhandene *Liebe zur Arbeit* ist an die beiden Bedingungen geknüpft, dass wir 1) mit unserem Tun ein bestimmtes Ziel verfolgen (ein bestimmtes Ergebnis hervorbringen wollen) und 2) an unserer Tätigkeit auch unabhängig von deren Ergebnis Freude und Befriedigung finden. Nur wenn diese beiden Bedingungen erfüllt sind, kommt Freude an der Arbeit als Motiv unseres Handelns in Betracht.

Interesse anderer Menschen an unserer Arbeit

Die Ergebnisse unserer Arbeit haben, wenn es sich bei ihnen um einen unmittelbaren Ausdruck unserer Selbstverwirklichung handelt, zunächst nur für uns eine Bedeutung: Wir können für uns selber Bücher oder Gedichte schreiben, Bilder malen, Möbel bauen, Gemüse anbauen und ähnliche Dinge tun. Das bedeutet aber keineswegs, dass unsere Arbeitserzeugnisse *nur* für uns einen Wert haben können. Im Gegenteil ist es durchaus möglich, dass sich auch andere Menschen für die Resultate unserer Arbeit interessieren, z.B. für die Ergebnisse unserer handwerklichen, künstlerischen oder wissenschaftlichen Tätigkeit. Ein solches Interesse entsteht immer dann, wenn das von uns Hervorgebrachte bei anderen Menschen auf ein entsprechendes *Bedürfnis* trifft. Ein Gegenstand, der in der Lage ist, ein Bedürfnis anderer zu befriedigen, wird dann für die betreffenden Menschen zu einem *Gut*, das für die Befriedigung ihrer Bedürfnisse einen bestimmten *Wert* hat.

Ist dieser Wert groß genug, so entsteht ein *Bedarf* an diesem Gut, d.h. andere Menschen haben dann ein Interesse daran, dieses Gut für sich zu *erwerben* oder an diesem *teilzuhaben*. Bei entsprechendem Bedarf und gegebenen finanziellen Möglichkeiten sind sie dann auch dazu bereit, demjenigen, der ihnen das Gut zur Verfügung stellt, eine Gegenleistung zukommen zu lassen und ihn für sein Arbeitserzeugnis zu *bezahlen*. Beziehe ich auf diese Weise für die im Zuge meiner Selbstverwirklichung hervorgebrachten Arbeitsergebnisse ein ausreichendes Einkommen, so kann ich davon meinen Lebensunterhalt bestreiten, d.h. die zur Befriedigung *meiner* Bedürfnisse erforderlichen Güter von anderen erwerben. Wenn dieser Fall wirklich gegeben ist, dann wird meine gesamte Arbeit zu einem Teil meiner Selbstverwirklichung. In dem Maße, in dem ich für die Ergebnisse meiner aus Eigeninteresse geleisteten Arbeit kein ausreichendes Einkommen erzielen kann, muss ich mir andere Arbeitsmöglichkeiten suchen, um die von mir benötigten finanziellen Mittel zu erwerben. Bei solchen Arbeiten handelt es sich dann allerdings nicht um Tätigkeiten, die ich aus Neigung vollbringe, sondern um reine *Lohnarbeit*, denn hier ist das *Geld*, dass ich als Gegenwert für meine Arbeit erhalte, die Ursache und das Motiv meiner Tätigkeit. In diesem Fall wird meine Arbeit zur *Ware*, die ich verkaufe, um dafür einen bestimmten Ertrag zu erzielen.

Soziale Selbstverwirklichung durch Arbeit

Alle aus eigenem Antrieb vollbrachten Tätigkeiten des Menschen gehören zunächst unmittelbar dem kulturellen Leben an, denn Kultur entsteht unmittelbar aus dem menschlichen Verlangen nach Selbstausdruck bzw. Selbstverwirklichung, was immer auch die Gegenstände einer solchen Selbstverwirklichung sein mögen. Indem aber auch andere Menschen ein Interesse an den Ergebnissen kultureller Tätigkeiten haben, diese Ergebnisse für sich erwerben oder an ihnen teilhaben wollen und bereit sind, denjenigen, der ihnen diesen Erwerb oder diese Teilhabe ermöglicht, dafür zu entlohnen, wird das entsprechende *Kulturgut* zugleich zu einem *Wirtschaftsgut*, indem es in den grundlegenden Wirtschaftsprozess eingeht, nämlich in den *Tausch* (in den meisten Fällen in den Tausch eines Gutes gegen Geld).

Ein und dasselbe Gut – bzw. ein und dasselbe Ergebnis menschlicher Arbeit – kann also gleichermaßen Kulturgut und Wirtschaftsgut sein: Es entsteht unmittelbar als Kulturgut und wird durch das Interesse anderer und deren Bereitschaft, dem Produzenten des Gutes einen Gegenwert zukommen zu lassen, zu einem Wirtschaftsgut. Arbeit wird damit zu einem möglichen Bindeglied zwischen Kultur und Wirtschaft: Sie muss nicht, aber sie kann sehr wohl beiden Bereichen gleichermaßen angehören. Als Kulturphänomen ermöglicht Arbeit dem Arbeitenden dessen Selbstverwirklichung; als Wirtschaftsphänomen ermöglicht sie einerseits die Bedürfnisbefriedigung anderer und andererseits dem Arbeitenden als Gegenleistung für die Resultate seiner Arbeit ein Einkommen.

Ein Arbeitserzeugnis ist Ausdruck der Selbstverwirklichung für denjenigen, der es aus eigenem Antrieb und eigener Neigung herstellt; für denjenigen, der es in Anspruch nimmt (indem er es konsumiert, in seinen Besitz bringt oder an ihm teilhat), ist es hingegen ein Konsumgut. *Arbeiten für sich* und *Arbeiten für andere* schließen einander folglich keineswegs aus. Da nun Arbeiten für sich immer *Selbstverwirklichung* und Arbeiten für andere immer *sozial* ist, kann Arbeit zu einem Mittel der *sozialen Selbstverwirklichung* werden, wenn der Arbeitende in dem erläuterten Sinne sowohl für sich als auch für andere arbeitet.

Freie Arbeit und Lohnarbeit

Der Nachweis, dass Arbeit als Mittel des Selbstverwirklichung und Arbeit als Mittel des Gelderwerbs einander nicht ausschließen, sondern prinzipiell miteinander vereinbar sind, ist deshalb wesentlich, weil Arbeiten für andere und Selbstverwirklichung ansonsten nur getrennt voneinander realisierbar wären. Das hätte zur Folge, dass Menschen in ihrer Arbeitszeit in erheblichem Umfang bloße Lohnarbeit zu leisten hätten, d.h. für das ausschließliche Ziel des Gelderwerbes arbeiten müssten. Selbstverwirklichung könnte dann lediglich in der sogenannten Freizeit stattfinden, womit das zentrale menschliche Anliegen der Selbstverwirklichung zu einer bloßen Nebenbeschäftigung degradiert wäre. Da professionell betriebene Erwerbsarbeit üblicherweise anstrengend und zeitaufwendig ist, reichen die Zeit- und Kraftreserven der meisten Menschen kaum aus, um sich neben der Erwerbsarbeit noch in wesentlichem Umfang auf ihre Selbstverwirklichung – d.h. auf die *Verwirklichung eigener Willensziele* – zu konzentrieren. Statt dessen beschränken sich menschliche Freizeitaktivitäten vielfach auf Konsum und Erholung mit dem Zweck der Regeneration von den Anstrengungen des Arbeitsprozesses. Eine solche Verflachung der menschlichen Existenz auf das Niveau einer Dualität von reiner Lohnarbeit und reiner – durchweg konsumorientierter – Freizeit hat in der Regel eine Stagnation der persönlichen Entwicklung zur Folge, auf die sich dann viele seelische und körperliche Folgeschäden zurückführen lassen.

Nun haben Menschen selbstverständlich die Freiheit, ihre verfügbare Zeit mit Tätigkeiten und Arbeiten zu verbringen, von denen andere Menschen keinen Nutzen haben. Allerdings können sie dann natürlich auch nicht erwarten, für eine solche Arbeit von anderen entlohnt zu werden, so dass die für den eigenen Lebensunterhalt erforderlichen finanziellen Mittel in solchen Fällen aus anderen Quellen kommen müssen. Falls kein arbeitsloses Einkommen verfügbar ist (etwa durch Erbschaften, Verkäufe oder finanzielle Transaktionen), muss ein Mensch, dessen Selbstverwirklichung finanziell ertraglos bleibt, einen mehr oder weniger großen Teil seiner Zeit mit bloßer Erwerbstätigkeit verbringen, was zu dem schon erwähnten zeitlichen Dualismus von freier Arbeit und Lohnarbeit führt. Wer eine reine Lohnarbeit für sich ablehnt, der muss sich statt dessen überlegen, wie es ihm gelingen kann, andere Menschen für die Ergebnisse seiner freien Arbeit zu interessieren, wie er also eine Form finden kann, in der er *sowohl für sich als auch für andere* arbeitet.

Es ist eine strategische Lebensentscheidung des einzelnen Menschen, den Dualismus von Arbeit und Freizeit für seine eigene Lebensgestaltung mit allen daraus folgenden Konsequenzen zu akzeptieren oder den grundlegenden Entschluss zu fassen, den Gegensatz des Arbeitens für sich und des Arbeitens für andere aufzuheben. Das letzere wird vielfach nicht von Anfang an gelingen und mag zunächst ein gewisses Maß an reiner Lohnarbeit unumgänglich machen. Mit genügend Arbeit und Ausdauer sollte sich dieser Zustand aber verändern lassen, falls der betreffende Mensch über die notwendige Motivation, Willensstärke und Selbstdisziplin verfügt. In dem Ausmaß, in dem die Synthese von Arbeiten für sich und Arbeiten für andere gelingt, ist die Arbeit sowohl *frei* als auch *sozial* und wird damit zu einem wesentlichen Mittel der sozialen Selbstverwirklichung.

Liebe zum Arbeiten für andere

Die Synthese von Arbeiten für sich und Arbeiten für andere lässt sich in der Praxis nur aufrecht erhalten, wenn nicht einer der beiden Pole in zu starkem Ausmaß dominiert. Um die einseitige Betonung meiner Selbstverwirklichung – d.h. die ausschließliche Beschäftigung mit meinen eigenen Bedürfnissen – auszugleichen, muss ich immer wieder überlegen und kontrollieren, inwieweit meine Arbeitserzeugnisse die Bedürfnisse anderer ansprechen, auf welche Weise ich sie anderen bekannt machen und anbieten kann, was diese dafür bezahlen können und wollen usw. Die allgemeine Fragestellung lautet demnach: *Was kann ich dafür tun, um andere Menschen für meine Arbeit zu interessieren?* Wenn ich diesen Aspekt nicht genügend berücksichtige, dann werde ich von den Resultaten meiner freien Arbeit nicht leben können.

Eine einseitige Lohnarbeit für andere Menschen kann ich dagegen nur verhindern, wenn ich genügend auf den Wert meiner Arbeit für mich selber achte: Fördert meine Arbeit die Entwicklung meiner Fähigkeiten? Ist mir die Arbeit selber (und nicht nur das dafür zu erzielende Einkommen) wirklich wichtig? Empfinde ich meine Arbeit als erfüllend und als wesentlich? Das alles resultiert in der Frage: *Wie kann ich Arbeiten finden und ausüben, die mich wirklich interessieren?* Fällt dieser Aspekt als Kriterium für die Auswahl meiner Arbeiten weg, so arbeite ich opportunistisch nur noch für andere; ich bin dann ein reiner Dienstleister und passe meine Arbeit ausschließlich den Bedürfnissen anderer an. Meine Arbeitserzeugnisse werden damit zu bloßen *Waren bzw. Wirtschaftsgütern*, die den Zweck haben, an andere verkauft zu werden, um mir ein hinreichendes Einkommen zu ermöglichen. In diesem Fall wird Arbeit zur Lohnsklaverei, welche die eigene persönliche Weiterentwicklung in erheblichem Umfang blockieren kann.

Nun kann allerdings außer der Freude am Arbeiten für sich selbst auch noch die Freude am Arbeiten für andere als Motiv der freien Arbeit in Betracht kommen. Alle Menschen, die aus Interesse und aus eigener Neigung einen Dienstleistungsberuf – etwa eine pflegerische, pädagogische oder therapeutische Tätigkeit – ausüben, sind Beispiele für dieses Motiv der *Liebe zum Arbeiten für andere*. Hier ist die selbstbestimmte Arbeit nicht erst mittelbar, sondern unmittelbar ein Ausdruck der sozialen Selbstverwirklichung, denn der ursprüngliche Gegensatz von Selbstverwirklichung und sozialer Arbeit fällt hier deswegen weg, weil die Selbstverwirklichung als solche schon unmittelbar einen sozialen Charakter hat. Auch in derartigen Fällen kann es allerdings durchaus vorkommen, dass durch die jeweiligen Lebens- und Arbeitsumstände das ursprüngliche Motiv der *Liebe zur Dienstleistung* – nicht selten unbemerkt – mit der Zeit in einen erwerbsbedingten *Zwang zur Dienstleistung* übergeht und die Arbeit nur noch aufgrund von Gewöhnung und Routine ausgeübt wird. Auch hier ist demnach der Charakter von Arbeit als sozialer Selbstverwirklichung nur aufrecht zu erhalten, wenn der betreffende Mensch dafür sorgt, dass er in seiner Arbeit hinreichende Erfüllung und persönliche Befriedigung findet.

Ausbildung zum selbstbestimmten Arbeiten für andere

Arbeit ist Mittel zur Selbstverwirklichung immer dann, wenn mir das angestrebte Ergebnis meiner Tätigkeit so wichtig ist, dass ich mich aus eigenem Antrieb zur Verrichtung einer bestimmten Arbeit entschließe. Arbeit als Mittel meiner Selbstverwirklichung ist daher immer selbstbestimmte, d.h. *freie* Arbeit. *Sozial* ist diese Arbeit dann, wenn auch andere Menschen ein Bedürfnis nach den Resultaten meiner Arbeit haben und von deren Ergebnissen profitieren können. Wenn andere in genügend großem Umfang bereit sind, mich für die von ihnen in Anspruch genommenen Ergebnisse meiner freien Arbeit zu entlohnen bzw. zu bezahlen, dann kann ich von meiner freien Arbeit leben, indem diese zugleich die Befriedigung meiner Konsumbedürfnisse ermöglicht. Hierbei ist einerseits der Fall denkbar, dass ich primär für mich arbeite, die Ergebnisse dieser Arbeit aber auf entsprechende Bedürfnisse bei anderen treffen (etwa bei freier künstlerischer oder wissenschaftlicher Arbeit); oder aber das Arbeiten für andere ist mir ohnehin ein wesentliches Bedürfnis (wie dies z.B. bei pädagogischen, sozialen und therapeutischen Berufen vielfach der Fall sein dürfte). Im letzteren Fall werde ich meine Arbeit von vornherein auf die Bedürfnisse anderer abstimmen.

Es dürfte kein Zweifel daran bestehen, dass es eine wesentliche Aufgabe der allgemeinbildenden Schulen ist, die Schüler in geeigneter Weise auf ihr späteres Arbeitsleben vorzubereiten. Bei Hochschulen und Berufsausbildungen ist diese Zielsetzung ohnehin selbstverständlich. Wenn nun 1) die soziale Selbstverwirklichung des Einzelnen als allgemeines Bildungsziel angestrebt werden soll und sich 2) soziale Selbstverwirklichung ganz wesentlich im selbstbestimmten Arbeiten für andere Menschen manifestiert, dann folgt daraus, dass die *Vermittlung der Fähigkeiten zum selbstbestimmten Arbeiten für andere* eine wesentliche Aufgabenstellung unserer gesellschaftlichen Bildungsinstitutionen sowie ganz allgemein von Bildungsprozessen überhaupt sein müsste. Sowohl die Fähigkeiten zum selbstbestimmten als auch zum sozialen (anderen Menschen dienenden) Arbeiten müssten demnach intensiv gefördert und zu einer befriedigenden Synthese gebracht werden. Wird dagegen ein

Element einseitig auf Kosten des anderen ausgebildet, so würde dies entweder eine *antisoziale Selbstverwirklichung* (Arbeiten nur für sich) oder die Ausrichtung auf *Zwangsarbeit* (Arbeiten nur für andere) forcieren, wenngleich beide Extreme – reine Neigungsarbeit ebenso wie reine Lohnarbeit – durchaus eine gewisse, zumindest zeitweilige Notwendigkeit und Berechtigung im Leben eines Menschen haben können.

Angesichts unserer gegenwärtigen gesellschaftlichen Zustände im Allgemeinen und der Gestalt unseres Arbeitslebens im Besonderen lässt sich verständlicherweise bezweifeln, ob ein *freies Arbeiten für andere* überhaupt allgemein und in größerem Umfang realisierbar ist und eine nennenswerte Zukunft haben kann. Ein begründetes Urteil über die Zukunftsmöglichkeiten des freien Arbeitens für andere ist aber erst möglich, nachdem wir die gegenwärtige und die zu erwartende zukünftige Entwicklung unseres gesellschaftlichen Arbeitslebens näher betrachtet haben. Insoweit die zukünftige Gestalt dieses Arbeitslebens prognostizierbar ist, werden wir auch die Formen näher bestimmen können, in denen sich selbstbestimmte soziale Arbeit realisieren lassen wird (falls dies überhaupt möglich ist). Und erst durch die Erkenntnis zukunftsträchtiger Arbeitsformen wird sich dann wiederum die Frage beantworten lassen, welche Fähigkeiten Menschen mitbringen müssen, um zukünftig in der Arbeitswelt bestehen zu können.

Insbesondere bei Schülern – aber zu wesentlichen Teilen auch in der Berufsausbildung – kommt es nämlich darauf an, Menschen nicht etwa auf das gegenwärtige, sondern auf ihr *zukünftiges* Arbeitsleben vorzubereiten. Falls das zukünftige Arbeitsleben ganz andere Formen hervorbringen wird als das gegenwärtige, dann wäre diejenige Bildung und Ausbildung, welche die Menschen auf gegenwärtige Arbeitsformen vorbereitet, vollständig verfehlt, denn diese momentan noch gegenwärtigen Zustände werden noch während des Arbeitslebens der betreffenden Menschen bereits Vergangenheit sein. Deswegen werden wir als nächstes die Entwicklung des gesellschaftlichen Arbeitslebens näher betrachten müssen.

3) Zukunft der Arbeit

Berufsarbeit und Arbeitslosigkeit

Unter *Arbeit* verstehen wir jede bewusst ausgeführte Tätigkeit, die das Ziel hat, menschliche Bedürfnisse zu befriedigen. Die Bedürfnisbefriedigung ist der *Zweck*; die Arbeit ist ein *Mittel* zu diesem Zweck.[3] Über lange Zeit hinweg wurde der *Beruf* in unserer Gesellschaft als die Grundform des Arbeitslebens angesehen. Erkenntnistheoretisch betrachtet ist ein Beruf nichts anderes als ein *Begriff*, denn 1) kann jeder Beruf von mehreren Menschen ausgeübt werden (ebenso wie es mehrere Exemplare des Begriffes Löwe geben kann), und 2) stellt sich jeder Beruf als Zusammenfassung einer komplexen Vielfalt spezifischer Tätigkeiten dar, von denen sich die meisten mehr oder weniger regelmäßig wiederholen und insofern reproduktiven Charakter haben (ebenso wie jeder Löwe ganz bestimmte allgemeine, gattungsspezifische Merkmale aufweist). Jedes Berufsbild lässt sich daher *allgemein* beschreiben.

Andererseits erfordert jeder Beruf eine einseitige Spezialisierung des zunächst unspezialisiert geborenen Menschen, indem dieser seinen Aktionsradius auf einen relativ engen Umkreis von Tätigkeiten reduziert und sich im Extremfall über seinen Beruf definiert: „Ich *bin* Lehrer!" Da der Beruf dem Menschen nicht angeboren ist, stellt jedes Ergreifen eines Berufes den freiwilligen Entschluss zur Unterwerfung unter einen Begriff dar: Erst bestimmt der Mensch seinen Beruf, anschließend wird er in sehr weitgehendem Umfang durch seinen Beruf bestimmt. Aufgrund der Allgemeinheit von Begriffen ist prinzipiell jeder Berufstätige gegen jeden anderen in demselben Beruf tätigen Menschen austauschbar.

Jeder Beruf ist als Begriff ein Produkt des menschlichen Denkens. Das Denken hat die beiden grundlegenden, einander entgegengesetzten Tendenzen zur *Verallgemeinerung* und zur *Differenzierung*. Die größtmögliche Verallgemeinerung im Arbeitsleben führt zum ganz abstrakten

---

[3] Wenn wir eine Tätigkeit lediglich um ihrer selbst willen – d.h. aus Neigung – ausüben, dann handelt es sich gemäß unserer Begriffsbestimmung nicht um Arbeit.

Begriff des *Arbeitsplatzes* bzw. des Jobs; die immer weitergehende Differenzierung hingegen zu immer enger umgrenzten und spezialisierteren Berufsbildern. Jedes genügend eng umgrenzte Arbeitsgebiet lässt sich bezüglich sämtlicher Tätigkeitsabläufe exakt definieren und daher *programmieren*. Für die Durchführung einer derartig *mechanisierten Arbeit* ist der Mensch überflüssig und kann – wie Hegel bereits 1820 erkannt hat – durch *Maschinen* ersetzt werden:

> „Die damit zugleich abstraktere Arbeit führt einerseits durch ihre Einförmigkeit auf die Leichtigkeit der Arbeit und die Vermehrung der Produktion, andererseits zur Beschränkung auf *eine* Geschicklichkeit und damit zur unbedingten Abhängigkeit von dem gesellschaftlichen Zusammenhange. Die Geschicklichkeit selbst wird auf diese Weise mechanisch und bekommt die Fähigkeit, an die Stelle menschlicher Arbeit die Maschine treten zu lassen."[4]

Was eine Maschine zur Maschine macht, das ist nicht ihre Hardware, sondern die Software, d.h. ihr *Programm*. Jedes Programm besteht aus einer Summe von jederzeit wiederholbaren Anweisungen für automatisierte Abläufe (Mechanismen), die jeweils eine bestimmte Eingabe (Input) eindeutig mit einer bestimmten Ausgabe (Output) verknüpfen. Das Wesen aller Technik ist demnach die *kontrollierte Reproduzierbarkeit*.[5] Da sie auf bloßer Reproduktion beruht, ist mechanisch bzw. maschinell verrichtete Arbeit prinzipiell geistlose Arbeit. Der Geist steckt lediglich in der Erfindung, d.h. in der Konstruktion und Programmierung der Maschine und hat in ihr sein Leben sozusagen ausgehaucht: Die Maschine ist – um eine an Hegel angelehnte Formulierung zu verwenden – der Leichnam des Geistes.

---

[4] G.W.F. Hegel: Enzyklopädie der philosophischen Wissenschaften, § 526.

[5] Auch im Künstlerischen oder beim Sport sprechen wir einem Menschen nur dann eine ‚gute Technik' zu, wenn er bestimmte Vorgänge kontrolliert – d.h. mit voraussagbarem Ergebnis – reproduzieren kann.

Gesellschaftliche Bedeutung der Projektarbeit

Alle mechanischen, auf Reproduktion beruhenden Arbeiten werden längerfristig *vollkommen durch Maschinen ersetzt* werden, was – laut Berechnungen des amerikanischen Verteidigungsministeriums – zu einer Arbeitslosenquote von ca. 80% führen wird. Eine solches Ausmaß an Arbeitslosigkeit mag vielen noch bis vor wenigen Jahren unvorstellbar gewesen sein, wenngleich Hegel das notwendige Ergebnis der fortschreitenden Mechanisierung schon vor zweihundert Jahren zutreffend prognostizieren und aus dem Wesen der mechanischen Arbeit ableiten konnte (s.o.). Die mittlerweile erreichte Jugendarbeitslosigkeit in mehreren europäischen Staaten beweist indessen, dass derartige Berechnungen ganz und gar nicht illusorisch sind. Bei dieser fortschreitenden Tendenz ist allerdings zu berücksichtigen, dass die maschinelle Produktion die Menschen zunehmend von allen geistlosen Arbeiten entlastet. Zudem bietet sie die Möglichkeit der Massenproduktion und damit der flächendeckenden Versorgung von Menschen mit Gütern zu günstigen Preisen. Technisierung wirkt also prinzipiell wohlstandsfördernd.

Wenn Maschinen den Menschen aber von allen mechanischen – auf bloßer Reproduktion beruhenden – Arbeiten entlasten, dann bleiben als eigentlich menschliche, nicht durch Maschinen ersetzbare Arbeiten nur noch *produktive, schöpferische Tätigkeiten* übrig. Für diese Arbeiten wird der Mensch frei, wenn er die reproduktive Arbeit den Maschinen überlassen kann.

Maschinelle Produktion lohnt sich nur (und immer dann), wenn den durch Reproduktion herstellbaren Gütern ein hinreichendes Ausmaß an sich reproduzierenden (oder durch Werbung reproduzierbaren) *Bedürfnissen* gegenüber steht, d.h. solche Bedürfnisse, die in weitem Umfang und mit mehr oder weniger berechenbarer Regelmäßigkeit immer wieder auftreten. Schöpferische, individualisierte Arbeit wird dagegen nur von gesellschaftlichem Interesse sein, wo sie auf *individualisierte Bedürfnisse* trifft.[6] Individuelle Bedürfnisse sind aber nicht berechenbar;

---

[6] Das Hinauskommen über die Mechanisierung des gesellschaftlichen Arbeitslebens setzt demnach eine Individualisierung der menschlichen Bedürfnisse voraus.

sie entstehen und vergehen vielmehr prinzipiell *unerwartet*. In genau demselben Tempo und mit derselben Unberechenbarkeit entstehen und verschwinden dann natürlich auch die entsprechenden Arbeitsmöglichkeiten, deren Ziel die Befriedigung dieser Bedürfnisse ist: Langjährig existierende Tätigkeitsgebiete können plötzlich aussterben und vollkommen neue Arbeitsmöglichkeiten ebenso schnell entstehen.

Es dürfte deutlich sein, dass der *Beruf* als Konzept für eine gesellschaftliche Individualisierung des Arbeitslebens vollkommen ungeeignet ist, denn ein Beruf ist immer darauf angelegt, über einen langen Zeitraum, wenn nicht gar das gesamte Arbeitsleben eines Menschen hindurch ausgeübt zu werden. Ein Arbeitsleben, das sich dem Wandel individueller Bedürfnisse anpasst, hat daher keinen *Berufscharakter* mehr, sondern *Projektcharakter*: Ein *Projekt* ist laut DIN-Begriffsnorm 69 901 „ein Vorhaben, das im wesentlichen durch die Einmaligkeit der Bedingungen in ihrer Gesamtheit gekennzeichnet ist". Anlass für ein Projekt ist deswegen immer ein individuelles Bedürfnis. Die Bestimmung von Projekten als „Erst- und Einmalvorhaben"[7] schließt eine allgemeine Fixierung von Projektbedingungen aus; diese müssen vielmehr bei jedem neuen Projekt schöpferisch entworfen und individuell festgelegt werden. Wenn menschliche Arbeit in unserer Gesellschaft eine Zukunft haben soll, dann wird sie sich zunehmend von der Berufsarbeit weg hin zur Form der Projektarbeit orientieren müssen.[8]

Individuelle Bedeutung der Projektarbeit

Bei einer Orientierung des Arbeitslebens an der Form der Projektarbeit gestaltet sich das Arbeitsleben für den einzelnen Menschen als *Aufeinanderfolge unterschiedlicher Projekte*. Da es sich bei jedem Projekt um eine individuell zu gestaltende Arbeitsaufgabe handelt, ermöglicht

---

[7] Heinz Schelle: *Projekte zum Erfolg führen*, München 1999[2], S. 11.

[8] Damit soll natürlich nicht behauptet werden, dass es zukünftig keine Berufe mehr geben wird, sondern nur, dass sich der Anteil der Berufsarbeit am Gesamtumfang aller Erwerbstätigkeiten stark verringern wird, wie dies gegenwärtig bereits der Fall ist.

die Durchführung unterschiedlicher Projekte im Vergleich zur Berufsarbeit eine wesentlich größere Abwechslung und Vielseitigkeit. Durch die individuelle Aufeinanderfolge unterschiedlicher Projekte bildet sich für jeden Menschen im Laufe seines Lebens eine *individuelle Arbeitsbiographie* heraus. Jede Arbeitsbiographie kann auf diese Weise zum Ausdruck der Individualität ihres Gestalters werden, d.h. jedes Individuum kann seine ihm angemessene Arbeitsbiographie prinzipiell selber gestalten bzw. mitgestalten.

Da sich für unterschiedliche Menschen unterschiedliche Abfolgen und Kombinationen von Arbeitsprojekten ergeben, wird eine fortgesetzte Projektarbeit in sehr unterschiedlichen Arbeitsbiographien unterschiedlicher Menschen resultieren. Das hätte gegenüber der bisher üblichen Einteilung in Berufe notwendigerweise eine wesentlich stärkere Individualisierung der Menschen zur Folge. Zudem besteht die Möglichkeit, sich je nach Bedarf in immer neue Sachgebiete einzuarbeiten sowie in unterschiedlichen Projekten mit unterschiedlichen Menschen zusammenzuarbeiten. Insofern können sich der Umfang des eigenen Wissens und Könnens sowie das soziale Umfeld eines Menschen und seine sozialen Fähigkeiten im Laufe seines Lebens fortwährend erweitern. Ein projektorientiertes Arbeitsleben ermöglicht dem Einzelnen deswegen eine wesentlich vielseitigere und individuellere Selbstverwirklichung als die Beschränkung seiner Arbeitsaktivitäten auf bzw. durch einen einzigen Beruf.

Persönliche Anforderungen der Projektarbeit

Projektarbeit setzt *persönliche Flexibilität* voraus, d.h. die Bereitschaft zur Anpassung an sich wandelnde gesellschaftliche Umstände: Ein Projekt ist nicht für die Dauer des gesamten Arbeitslebens, sondern auf die Ausfüllung und Gestaltung einer bestimmten Lebensphase hin angelegt.

Zentrale Aufgabe und Herausforderung bei der Hinwendung zur Projektarbeit ist die Bereitschaft zur *Selbstgestaltung der eigenen Arbeitsbiographie*. Hierbei kommt es vor allem darauf an, Arbeit nicht mehr als

Konsumgut zu betrachten, das mir von der Gesellschaft *gegeben* wird; vielmehr ist individualisierte Arbeit etwas, was ich mir selber *mache*. Die Gestaltung des Arbeitslebens wird damit primär zu einer Frage der Selbstmotivation, d.h. zu einer *Willensfrage*. Als pädagogische Konsequenz ergibt sich, dass die *Willens- und Initiativschulung* als primäres Erziehungsideal an die Stelle des Erwerbs von reproduzierbarem Wissen treten müsste.

Ein Einkommen lässt sich mit Projektarbeit nur dann erzielen, wenn diese auf entsprechende individualisierte Bedürfnisse trifft. Die Konzentration auf Projektarbeit erfordert daher ein geschultes Wahrnehmungs- und Beobachtungsvermögen für die offenen oder auch latenten Bedürfnisse anderer Menschen sowie die Fähigkeit, diese Bedürfnisse gezielt anzusprechen, um die eigene Arbeit auf die Interessen anderer abstimmen zu können. Zugleich ist jeder Mensch in unterschiedlichen Lebensphasen mit seinen eigenen Bedürfnissen und Entwicklungsimpulsen konfrontiert, die ebenfalls deutlich wahrgenommen und in ihrer Bedeutung erkannt werden müssen.

Selbstverständlich können die eigenen Bedürfnisse mit den Bedürfnissen anderer Menschen in Konflikt kommen. Zur Lösung solcher Interessenkonflikte bedarf es der Fähigkeit, in bestimmten Situationen immer wieder neu zu entscheiden, welche Prioritätensetzung jeweils ‚richtig' ist. Eine unvoreingenommene Entscheidung zu einer bestimmten Handlung in einer bestimmten Situation ließe sich mit Rudolf Steiner als *moralische Intuition*[9] kennzeichnen. Ohne ein solches Intuitionsvermögen besteht die Gefahr, bei der Gestaltung des eigenen Arbeitslebens entweder die Bedürfnisse anderer oder aber die eigenen Bedürfnisse zu übersehen bzw. zu übergehen und sich damit entweder auf eine asoziale Weise oder aber überhaupt nicht selber zu verwirklichen.

---

[9] Vgl. Rudolf Steiner, *Die Philosophie der Freiheit*, Dornach 1978[14], S. 158ff.

Selbstausbildung

Projektarbeit setzt aufgrund ihrer Flexibilität eine ebenso *flexible, praxisorientierte Ausbildung* voraus, die sich an den zur Durchführung eines Projektes jeweils erforderlichen Fähigkeiten orientiert. Dies erfordert den Abbau langjähriger rein theoretischer Ausbildungen, um stattdessen die Ausbildung soweit wie möglich in das Arbeitsleben selber zu integrieren. Hierbei müssen *Ausbildungs- und Projektdauer* in einem angemessenen Verhältnis zueinander stehen, d.h. die Arbeitsdauer in einem bestimmten Tätigkeitsbereich muss den Aufwand der hierfür notwendigen Ausbildung rechtfertigen. Tätigkeiten, die eine umfangreiche Ausbildung verlangen, bedürfen folglich zu ihrer Rechtfertigung einer entsprechend langen Ausübungsdauer.

Das Konzept der Projektarbeit erfordert demnach ein Ausbildungskonzept, welches die Bereitschaft des einzelnen Menschen zu *kontinuierlicher Weiterbildung* voraussetzt: Gefordert ist die Bereitschaft und Fähigkeit, sich während der Dauer seines Arbeitslebens immer wieder selbständig mittels geeigneter Methoden in neue Arbeitsgebiete einzuarbeiten. Durch die beständige Weiterbildung des einzelnen Menschen entwickelt sich parallel zur individuellen Arbeitsbiografie eine ebenso *individuelle Bildungsbiografie*, deren Gestaltung gleichfalls ein erhebliches Maß an Initiative und Willensstärke erfordert, denn auch Bildung kann unter den heutigen Umständen immer weniger als ein von der Gesellschaft dargereichtes Konsumgut betrachtet werden, sondern bedarf zunehmend der selbständigen Erarbeitung, d.h. der fortgesetzten *Selbstausbildung* und einer entsprechenden *Selbstmotivation*.

Arbeitsprojekte und Bildungsprojekte

Die Definition eines Projekts als „Erst- und Einmalvorhaben" (s.o.) hat zur Folge, dass auch jedes zielgerichtete Bildungs- und Ausbildungsvorhaben als Projekt aufzufassen ist. Insofern müssen wir *Arbeitsprojekte* und *Bildungsprojekte* voneinander unterscheiden. Diese Unterscheidung ist allerdings insofern vordergründig, als dass einerseits jedes ernsthafte Bildungsprojekt mit einem erheblichen Arbeitsaufwand verbunden ist, während andererseits jedes neue Arbeitsprojekt aufgrund der mit ihm verbundenen neuartigen Erfahrungen einen mehr oder weniger großen Bildungswert hat: Selbstorganisierte Bildung bildet nicht nur, sondern macht immer auch Arbeit, während Projektarbeit nicht nur Arbeit, sondern immer auch Bildung bedeutet.

Der eigentliche Unterschied zwischen Bildungs- und Arbeitsprojekten besteht vielmehr darin, dass ich Bildung prinzipiell *für mich* betreibe, um meine eigenen Bildungsbedürfnisse zu befriedigen und mich auf diese Weise weiter zu entwickeln, während ich in der eigentlichen Arbeit auch *für andere* tätig sein kann, um deren Bedürfnisse zu befriedigen. Insofern müssen wir *selbstbezogene Projektarbeit* und *Projektarbeit für andere* – die wir auch als *soziale Projektarbeit* bezeichnen können – voneinander unterscheiden und in ein ausgewogenes Verhältnis zueinander setzen.

Wenn wir daher in unterschiedlichen Lebenssituationen vor die Frage gestellt sind, für welche Projekte wir uns entscheiden sollen, dann kommt es wesentlich darauf an, den *Bildungswert* und den finanziellen *Ertragswert* von Projekten gegeneinander abzuwägen:[10] Wir müssen uns an genügend Arbeits- bzw. *Ertragsprojekten* beteiligen, um in der Gegenwart für uns ein ausreichendes Einkommen zu erzielen; und wir müssen für uns selber genügend *Bildungsprojekte* initiieren, um uns für die Zukunft immer neue Arbeitsmöglichkeiten und -perspektiven zu eröffnen. Ein Projekt mit einem hohen Bildungswert rechtfertigt dabei prinzipiell ein geringes (oder auch gar kein) Einkommen, während ein Projekt mit einem hohen Ertragswert u.U. die Durchführung bestimmter Bildungsprojekte erst ermöglicht bzw. finanziert und daher einen – für sich betrachtet – geringen Bildungswert rechtfertigen kann. Allerdings müssen ein hoher Bildungs- und ein hoher Ertragswert von Projekten einander keineswegs ausschließen. Beides gemeinsam wird sich am

---

[10] Als weitere wesentliche Faktoren kommen zudem unsere Freude am Arbeiten sowie der Wert unserer Arbeit für andere Menschen in Betracht. Wir können diese beiden Kriterien als den *Neigungswert* und den *Dienstleistungswert* unserer Arbeit bezeichnen.

ehesten in solchen Projekten erreichen lassen, für die der Betreffende bereits ein erhebliches Maß an Qualifikation mitbringt und die ihm andererseits die Möglichkeit eröffnen, während der Projektarbeit intensiv an der Entwicklung weiterer Fähigkeiten zu arbeiten.

4) Ausbildung zur Projektarbeit

Wenn wir

- die soziale Selbstverwirklichung des einzelnen Menschen als allgemeines Bildungsziel formulieren (Kapitel 1), wenn sich
- die soziale Selbstverwirklichung primär im selbstbestimmten Arbeiten für andere manifestiert (Kapitel 2) und wenn
- die wichtigste zukünftige Arbeitsform des selbstbestimmten Arbeitens für andere in der *Projektarbeit* besteht (Kapitel 3),

dann stellt die *Ausbildung zur Projektarbeit* die grundlegende Voraussetzung für die soziale Selbstverwirklichung des Einzelnen innerhalb der zukünftigen Strukturen des gesellschaftlichen Arbeitslebens dar.

Im Mittelpunkt einer auf Projektarbeit ausgerichteten Entwicklung des Arbeitslebens steht der *aus eigenem Antrieb für sich und für andere arbeitende Mensch*. Eine grundlegende Umorientierung des Arbeitslebens einer Gesellschaft muss notwendigerweise erhebliche Konsequenzen für die Bildung und Ausbildung der in ihr lebenden und arbeitenden Menschen haben: Wenn Projektarbeit als gesellschaftliche Arbeitsform immer wichtiger werden wird, dann müsste die Ausbildung der Fähigkeit zur Durchführung von und zur Beteiligung an Projekten eine grundlegende Zielsetzung der allgemeinbildenden Schulen sowie der qualifizierenden Ausbildungen – inklusive der Hochschulen – werden. Welche Kenntnisse und Fähigkeiten sind bei der Ausbildung zur Projektarbeit zu vermitteln?

1) Zunächst geht es darum, den allgemeinen ***Begriff der Projektarbeit*** zu entwickeln, um einerseits die zukünftige gesellschaftliche Bedeutung dieser Arbeitsform sowie andererseits – unter dem Leitbegriff der individuellen Arbeitsbiografie – deren Bedeutung und Potenzial für die eigene Lebensgestaltung herauszuarbeiten. In diesem Zusammenhang wären auch die notwendigen persönlichen Voraussetzungen der Projektarbeit (Flexibilität, Motivation, Initiative, Selbst-

disziplin, Willensstärke usw.), d.h. die erforderliche *innere Einstellung* zu thematisieren.

2) Sodann kommt es auf die Ausbildung der Fähigkeit an, aus einem Überblick über die momentanen Lebensziele und -perspektiven sowie aus einer realistischen Einschätzung der gegenwärtigen Lebenssituation heraus eine geeignete ***Projektauswahl*** zu treffen. Wesentliche Fragestellungen hierbei sind:

- Welche Arbeitsprojekte passen zu meiner momentanen Lebens- und Entwicklungsphase?
- Wie stimme ich meine eigenen Bedürfnisse angemessen auf die Bedürfnisse anderer Menschen ab?
- Wie organisiere ich das Verhältnis zwischen Arbeit und Bildung in meinem Leben, d.h. zwischen Arbeits- und Bildungsprojekten?
- Wie wäge ich den *Neigungswert*, den *Bildungswert*, den *Dienstleistungswert* und den finanziellen *Ertragswert* von Arbeitsprojekten gegeneinander ab?
- Wie wähle ich unterschiedliche – gleichzeitig oder aufeinander folgende – Projekte so aus, dass sie einander sinnvoll ergänzen?

3) An die Projektauswahl schließt sich die ***Projektvorbereitung*** an. Wesentliche Komponenten hierfür sind die Bestimmung von Zielen und geeigneten Arbeitsmethoden. Insbesondere geht es auch um die Frage, welcher Fähigkeiten es zur erfolgreichen Durchführung eines Projekts bedarf und welche momentan noch nicht vorhandenen Fähigkeiten hierfür erst noch ausgebildet werden müssen. Falls sich die erforderlichen Fähigkeiten nicht während des Arbeitsprojekts erwerben lassen, stellt ihre Ausbildung ein eigenes Bildungsprojekt dar, dessen Ziele und grundlegende Strukturen ebenfalls zu bestimmen sind. Zur Projektvorbereitung kann ebenfalls eine (zunächst provisorische) Voraussicht auf einzelne Arbeitsphasen zählen, die sich u.U. bis in die Ablauf- und Terminplanung hinein konkretisieren lässt, sowie ggf. eine realistische Kostenplanung und die Bereitstellung der für die Projektdurchführung erforderlichen Mittel. Bei Bildungsprojekten kommt es vor allem darauf an, sich möglichst

schnell eine grundlegende und selbständige Orientierung innerhalb des jeweiligen Themenbereiches zu erarbeiten, um den erforderlichen Aufwand und den ungefähren Verlauf des Projekts abschätzen zu können. Bei der Schulung zur Projektvorbereitung handelt es sich demnach um die Ausbildung grundlegender *organisatorischer Fähigkeiten*.

4) Bei der **Projektdurchführung** müssen dann die einzelnen Arbeitsschritte eines Projekts gezielt in Angriff genommen und konzentriert durchgeführt werden, was eine entsprechende *Willensstärke* und *Selbstdisziplin* erfordert. Des weiteren geht es um eine erhöhte Aufmerksamkeit auf den Verlauf und das Gelingen der einzelnen Arbeitsschritte und Projektphasen, um geistesgegenwärtig auf die jeweils gemachten Beobachtungen reagieren zu können.

5) Von herausragender Bedeutung für jede selbständig durchgeführte Arbeit ist die Ausbildung von Fähigkeiten zur *Reflexion und Selbstkritik*, um die eigenen Aktivitäten und deren Ergebnisse immer wieder bezüglich ihrer Fortschritte zu reflektieren, Fehlentwicklungen rechtzeitig zu erkennen sowie ggf. Ziele, Methoden, zeitliche Perspektiven usw. zu korrigieren, um sie der aktuellen Situationseinschätzung anzupassen. Die kontinuierliche **Selbstreflexion** stellt zugleich die notwendige ‚Qualitätskontrolle‘ des eigenen Handelns und seiner Ergebnisse sowie die Basis für ein systematisches Lernen aus den eigenen Erfahrungen dar. Am Ende jedes Projektes sollte deswegen eine systematische Auswertung der Projektresultate stehen.

6) Da viele Projekte nicht solistisch, sondern nur in gemeinsamer Arbeit durchführbar sind, nimmt die Ausbildung der Fähigkeit zur **Zusammenarbeit** einen hohen Stellenwert ein. Hierfür kommen sowohl organisatorische als auch soziale Aspekte in Betracht; insbesondere geht es um eine methodische Ausbildung der eigenen *Kommunikationsfähigkeiten*. Die Herstellung von Informationstransparenz, eine eindeutige Klärung von Zuständigkeiten, die Durchführung regelmäßiger Besprechungen, geeignete Formen der Konflikt-

behandlung und -lösung, die Gestaltung von Beschlussfassungen und dergleichen mehr sind Voraussetzungen der Fähigkeit zur professionellen Zusammenarbeit nicht nur in Projekten, sondern auch in konventionellen beruflichen Arbeitszusammenhängen.

7) Schließlich erfordert das Arbeiten für andere die Ausbildung der Fähigkeit zur *Dienstleistung:* Die Abstimmung der eigenen Arbeit auf die anvisierten Projektinteressenten, die gemeinsame Klärung der jeweiligen Erwartungen, die Verabredung von Arbeitszielen und -leistungen sowie die Vereinbarung eines angemessenen Preises: All diese Aspekte müssen immer unter partnerschaftlicher Berücksichtigung der beiderseitigen Interessen besprochen und gestaltet werden, was außer erheblichen Kommunikationsfähigkeiten vor allem die aufmerksame Wahrnehmung der Bedürfnisse und Interessen des jeweiligen Gegenübers voraussetzt.

Die hier genannten sieben Aspekte stellen den grundlegenden Rahmen, d.h. die allgemeinen Ziele einer *Ausbildung zur Projektarbeit* dar. Jeder dieser Aspekte wäre dann in sich systematisch zu differenzieren und weiter zu entwickeln. Die Ergebnisse einer solchen differenzierten Ausarbeitung würden keineswegs nur auf Projektarbeit ausgerichteten Menschen zugutekommen, sondern vielmehr allen Menschen, die ein selbständiges Arbeiten anstreben. Insofern lässt sich das hier skizzierte Konzept ganz allgemein als systematische Grundlage einer *Ausbildung zum selbständigen Arbeiten* auffassen.

5) Ausbildung von Grundfähigkeiten

In den vorangegangenen Ausführungen wurde die Fähigkeit zur Projektarbeit als eine Grundvoraussetzung der sozialen Selbstverwirklichung gekennzeichnet. Nun hängt die Möglichkeit sozialer Selbstverwirklichung aber auch noch von anderen Grundfähigkeiten ab, die wiederum wesentlich mit der Fähigkeit zur Gestaltung von Projekten verknüpft sind. Die wichtigsten dieser Grundfähigkeiten seien im folgenden kurz erläutert:

Selbstorganisation

Die Selbstorganisation eines Menschen hat es mit grundlegenden Fragen der eigenen Lebensgestaltung zu tun. Nach der einen Richtung hin geht es um die Entwicklung der eigenen *Ideale*, d.h. der wesentlichen Lebensziele. Bevor ich gezielt an der Verwirklichung meiner Ideale arbeiten kann, muss ich diese Ideale zunächst einmal erkennen, um dann geeignete Formen und Methoden zu ihrer Verwirklichung zu finden. Je mehr es gelingt, einzelne Stadien und Phasen der Verwirklichung eines Ideals zu konkreten Projekten zu verdichten, desto konzentrierter und bewusster kann ich an der Verwirklichung meiner Ideale arbeiten: Projektarbeit als zielgerichtete Verwirklichung der eigenen Ideale ist auch unter diesem Gesichtspunkt ein elementarer Bestandteil der individuellen Selbstverwirklichung.

Andererseits treten aus dem sozialen Umkreis eines Menschen – aus seinen zwischenmenschlichen Beziehungen, aus den Gemeinschaften, denen er angehört sowie von Seiten gesellschaftlicher Institutionen – unterschiedliche Anliegen, Forderungen und Verpflichtungen an den Menschen heran, die er in seiner Zeitgestaltung im Falle von Verpflichtungen berücksichtigen *muss* und in anderen Fällen berücksichtigen *kann*. Auch die Erfüllung der Anliegen anderer Menschen oder gesellschaftlicher Verpflichtungen kann bei ihrer gezielten und konzentrierten Bearbeitung Projektcharakter annehmen.

Habe ich eine umfangreichere Anzahl von Projekten zu bearbeiten, so geht es bei der Selbstorganisation um eine möglichst sinnvolle *Projektkoordination:* Lassen sich bestimmte Projekte gleichzeitig bewältigen, oder ist es sinnvoller oder sogar notwendig, sie nacheinander zu bearbeiten? Welche inhaltliche und zeitliche Priorität kommt den einzelnen Projekten zu? Wie lassen sich unterschiedliche Projekte sinnvoll aufeinander abstimmen?

Da das Leben eines Menschen nun aber nicht ausschließlich aus Projektarbeit besteht[11], geht es bei der Selbstorganisation ganz allgemein um die Abstimmung meiner Handlungen aufeinander: Wie setze ich die für mich richtigen *Prioritäten* und wie setze ich diese Prioritäten in meinem Handeln und in meiner *Zeitgestaltung* um, d.h. wie stimme ich die für mein Leben relevanten Themen und Aktivitäten zeitlich und organisatorisch aufeinander ab? Und wie kann ich für die Gestaltung unterschiedlicher Lebensbereiche geeignete Methoden und Handlungsformen entwickeln?

Selbstausbildung

Es wurde oben bereits erläutert, dass Projektarbeit aufgrund ihrer Flexibilität eine ebenso flexible, praxisorientierte Ausbildung voraussetzt, die sich an den zur Durchführung eines Projektes jeweils erforderlichen Fähigkeiten orientiert. Gefordert ist hierbei die Bereitschaft und Fähigkeit, sich während der Dauer seines Arbeitslebens immer wieder selbständig mittels geeigneter Methoden in neue Arbeitsgebiete einzuarbeiten. Aber ganz allgemein gilt: Wenn wir uns in bisher unbekannten Sachgebieten orientieren oder uns mit neuen Themen vertraut machen wollen, wenn wir uns für neue Arbeitstätigkeiten vorbereiten oder uns neue Arbeitsgebiete erschließen möchten, ohne eine langwierige formale Ausbildung zu absolvieren, dann erfordert dies grundlegende Fähigkei-

---

[11] Weder isolierte Einzelaktivitäten noch regelmäßig wiederholte Handlungen (z.B. wöchentliche Haushaltsarbeiten) stellen Projekte dar, denn Projekte sind Erst- und Einmalvorhaben, die sich in eine Reihe unterschiedlicher Arbeitsschritte und -etappen gliedern (s.o. S. 21).

ten zur Selbstausbildung, um sich das jeweils benötigte Wissen und Können selber erarbeiten zu können.

Bei der Erschließung neuer Themenbereiche und Sachgebiete geht es zunächst darum, die zur Orientierung und Einarbeitung erforderlichen Informationen aufzufinden und auszuwerten. Ferner müssen wir die ausgewerteten Informationen ordnen und bezüglich ihrer Bedeutung für das jeweilige Thema gewichten und entsprechend organisieren, um einen Überblick über die Gesamtstruktur des jeweiligen Gebietes zu bekommen. In ein solches Strukturgerüst lassen sich dann alle weiteren benötigten Informationen verhältnismäßig leicht einordnen, so dass jede Information innerhalb des Gesamtbereiches ihren genau bestimmten Platz zugewiesen bekommt und deswegen aus dem Gesamtzusammenhang heraus wesentlich leichter reproduzierbar ist, als dies bei isoliert gespeicherten Einzelinformationen möglich wäre. Der zentrale Punkt bei der Einarbeitung in ein neues Sachgebiet ist deswegen die Übersicht über dessen systematischen Aufbau, um von dort aus selbstständig weiter nach Informationen zu suchen, diese in die Gesamtstruktur einzubauen und den Gesamtumfang des eigenen Wissens dadurch zu erweitern.

Für den Erwerb einer effizienten Technik der Selbstausbildung geht es darum, die erforderliche Methode zunächst zu begreifen und dann bis zu einem ausreichenden Grad der Beherrschung zu üben. Eine solche *Selbstausbildung der eigenen Fähigkeit zur Selbstausbildung* stellt nun allerdings ein anspruchsvolles Bildungsprojekt dar, welches andererseits für die selbständige Durchführung weiterer selbstorganisierter Bildungs- und Ausbildungsprojekte die methodische Grundlage und Voraussetzung schafft.

Selbsterziehung

Die konsequente Vorbereitung und Durchführung von Projekten setzt ein erhebliches Maß an Selbstdisziplin und Willensstärke ebenso voraus wie gute analytische und organisatorische Fähigkeiten, das Vermögen aufmerksamer Beobachtung der Projektumstände sowie der Entwicklung der eigenen Arbeit, der Aktivitäten und Reaktionen anderer beteiligter Menschen usw. Alle diese intellektuellen und charakterlichen Fähigkeiten sind bei den meisten Menschen nicht sogleich am Anfang ihrer eigenen Arbeits- und Bildungsbiographie vorhanden, sondern müssen erst ausgebildet werden. Diese Ausbildung ist Gegenstand der *Selbsterziehung*. Wer bei sich selbst bestimmte Schwächen feststellt, die ihn am Erreichen eines selbstgesetzten Zieles hindern, der muss sich dazu entschließen, entweder an sich, d.h. am Erwerb der erforderlichen Fähigkeiten und Eigenschaften zu arbeiten oder aber das jeweilige Ziel aufgeben.

Im Falle der Projektarbeit und der damit verbundenen Gestaltung der eigenen Arbeits- und Bildungsbiographie bedeutet das, dass der betreffende Mensch bereit sein muss, sich durch Selbsterziehung dahin zu bringen, die momentan noch nicht ausreichend vorhandenen, zum Weiterkommen jedoch benötigten Eigenschaften bei sich auszubilden; falls er dies unterlässt, so bleibt ihm wesentliche Möglichkeiten der aktiven Gestaltung seines Lebensweges – nicht nur in Bezug auf seine Arbeit – verschlossen, und er bleibt statt dessen von dem abhängig, was ihm an Arbeits- und sonstigen Gelegenheiten durch andere *gegeben* wird.

Um bestimmte Fähigkeiten und Eigenschaften bei mir auszubilden, muss ich einerseits *erkennen*, welche Fähigkeiten ich benötige und wie sich diese Fähigkeiten erwerben lassen; andererseits muss ich die notwendige Willensstärke, d.h. die Selbstdisziplin und Ausdauer entwickeln, um den oftmals mühsamen Prozess des Fähigkeitserwerbs auch durchzuhalten. An der Wurzel geht es bei der Selbsterziehung demnach um die Entwicklung elementarer Erkenntnis- und Willensfähigkeiten, deren Erwerb dann auch eine kontinuierliche und gezielte Arbeit an der Entwicklung weiterer Charaktereigenschaften ermöglicht, die zur eigenen Weiterentwicklung jeweils erforderlich sind. Auch die Selbsterziehung betrifft – wie die Selbstorganisation – keineswegs nur den Bereich des eigenen Arbeitslebens: Insbesondere auch für das Bewältigen kritischer Situationen in zwischenmenschlichen Beziehungen aller Art bildet die konsequente Arbeit an den eigenen charakterlichen Fähigkeiten eine wesentliche Voraussetzung dafür, schwierige Probleme in den jeweiligen Lebensgebieten erfolgreich bewältigen zu können. Jeder Versuch, sich durch eine entsprechende Selbsterziehung neue Fähigkeiten und Eigenschaften anzueignen, stellt wiederum ein eigenes Projekt dar, für welches somit die oben aufgeführten Kriterien der Projektgestaltung bezüglich der Auswahl, Vorbereitung, Durchführung und Reflexion von Projekten gelten.

Selbstreflexion

Anlässlich der erforderlichen Kriterien für eine Ausbildung zur Projektarbeit hatte ich oben ausgeführt: „Von herausragender Bedeutung für jede selbständig durchgeführte Arbeit ist die Ausbildung von Fähigkeiten zur *Reflexion und Selbstkritik*, um die eigenen Aktivitäten und deren Ergebnisse immer wieder bezüglich ihrer Fortschritte zu reflektieren und ggf. Ziele, Methoden, zeitliche Perspektiven usw. zu korrigieren und der aktuellen Situationseinschätzung anzupassen. Die kontinuierliche Selbstreflexion stellt zugleich die notwendige ‚Qualitätskontrolle‘ des eigenen Handelns und seiner Ergebnisse sowie die Basis für ein systematisches Lernen aus den eigenen Erfahrungen dar" (S. 29). Daraus geht hervor, dass ein selbstständiges Arbeiten ohne Selbstreflexion unmöglich ist. Selbstreflexion ist aber eine anspruchsvolle Tätigkeit, die ebenfalls erst geübt und ausgebildet werden muss und insofern eine notwendige Voraussetzung der eigenen Selbstverwirklichung darstellt.

Jede Selbstreflexion ist ein innerer Dialog mit sich selbst. Auf der einen Seite steht die Herausbildung selbstbestimmter Maßstäbe, Ziele und Perspektiven meines Wollens und Handelns, auf der anderen Seite die Auswertung meiner Erlebnisse und Erfahrungen. Das Anlegen meiner Maßstäbe an meine Erfahrungen ermöglicht mir, meine Erlebnisse und mein Verhalten in den betreffenden Situationen zu bewerten, um ggf. neue Vorsätze und Entschlüsse zu fassen, die mein weiteres Vorgehen in der jeweiligen Angelegenheit betreffen. Andererseits messe ich meine Ideale, Ziele und Perspektiven wiederum an den gemachten Erfahrungen, um zu beurteilen, ob ich meine Maßstäbe weiterhin für realistisch halte oder sie ggf. abändern oder aufgeben muss.

Damit die Selbstreflexion effektiv sein kann, muss sie gut strukturiert, konzentriert und mit größtmöglicher gedanklicher Klarheit durchgeführt werden. Wirklich wirksam kann sie nur sein, wenn ihre Ergebnisse in Form neuer Vorsätze und Entschlüsse in die eigene Lebenspraxis überführt werden, und wenn andererseits die eigenen Erfahrungen regelmäßig reflektiert und ausgewertet werden, so dass wichtige Erlebnisse, die wesentliche Möglichkeiten der eigenen Weiterentwicklung beinhalten, nicht ungenutzt verstreichen. Dieses regelmäßige Wechselspiel – der *Atemrhythmus von Erfahrung und Reflexion* – ist das wichtigste und zuverlässigste methodische Mittel der eigenen selbstbestimmten Weiterentwicklung.

Die genannten vier Fähigkeiten zur Selbstorganisation, Selbstausbildung, Selbsterziehung und Selbstreflexion betreffen die individuelle Selbstverwirklichung des einzelnen Menschen zunächst noch ohne Berücksichtigung seines sozialen Umfeldes. Für die *soziale* Selbstverwirklichung kommen nun aber noch wesentliche Fähigkeiten zum *Umgang mit anderen Menschen* hinzu:

Beziehungsgestaltung

Wir haben in unterschiedlichen Zusammenhängen – sowohl in der Arbeit als auch in unserem privaten und gesellschaftlichen Umfeld – fortwährend mit anderen Menschen zu tun. Von der Gestaltung unserer Beziehungen zu anderen hängt das Gelingen unseres Lebens ganz wesentlich ab. Befriedigende zwischenmenschliche Arbeits- und Privatbeziehungen gestalten sich aber nicht von alleine, sondern setzen entsprechende Fähigkeiten zur Beziehungsgestaltung voraus. In der Projektarbeit kommt die Fähigkeit zur Beziehungsgestaltung sowohl bei der Zusammenarbeit mit anderen Menschen als auch für die Abstimmung der eigenen Leistungen auf die Bedürfnisse anderer Menschen – d.h. für die Fähigkeit zur Dienstleistung – in Betracht.

Über die Projektarbeit hinaus hat die Beziehungsgestaltung jedoch in unserer Zeit noch eine weit darüber hinausgreifende wesentliche Bedeutung, denn aufgrund der fortschreitenden Individualisierung der Menschen lösen sich die konventionellen Formen zwischenmenschlicher Beziehungen immer mehr auf. Beziehungen zwischen unterschiedlichen Individuen brauchen statt dessen eine *individuelle* Form, die den beiden beteiligten Menschen gleichermaßen angemessen sein muss. Da sich derartige Beziehungen nicht von alleine gestalten, ist die *individuelle Gestaltung zwischenmenschlicher Beziehungen* eine wesentliche Aufgabe für alle Menschen, die sich in konventionellen Beziehungsformen nicht verwirklichen können.

Wesentliche Fragen der individuellen Beziehungsgestaltung sind: Welches Potenzial hat eine bestimmte Beziehung und was bedeutet sie bzw. der betreffende Mensch für mich? Welche Form ist einer bestimmten Beziehung angemessen? Wie gestalte ich den Umgang und insbesondere die Kommunikation mit meinem Beziehungspartner? In welchem Entwicklungsstadium befindet sich eine Beziehung gegenwärtig? Wie erkenne ich momentan jeweils mögliche oder notwendige Entwicklungsschritte in einer Beziehung? Was kann ich zur Entwicklung des Potenzials einer Beziehung beitragen? Wie erkenne ich Beziehungsprobleme und -krisen, und wie kann ich konstruktiv mit ihnen umgehen?

Kommunikation

Kommunikation ist ersichtlicherweise eine Schlüsselfähigkeit des menschlichen Zusammenlebens und Zusammenwirkens. Ihre Gestaltung ist daher entscheidend für das Gelingen zwischenmenschlicher Beziehungen. Neben ihrer Bedeutung beim Austausch unterschiedlichster Informationen ist Kommunikation insbesondere für den Umgang mit zwischenmenschlichen Problemen von herausragender Bedeutung: Ohne funktionierende Kommunikation haben größere Beziehungsprobleme kaum Aussicht auf eine befriedigende Lösung. In jeder Kommunikation geht es darum

- sich selber anderen Menschen *verständlich* zu machen,
- andere Menschen zu *verstehen* und
- konstruktiv auf die Äußerungen seines Gegenübers zu *reagieren*.

38

Alle drei Schritte können Gegenstand systematischer Übung sein, um das eigene Kommunikationsverhalten und die eigenen Kommunikationsprozesse zu verbessern und dadurch ein besseres Zusammenwirken mit anderen Menschen zu ermöglichen sowie eine tragfähige Grundlage für die Lösung zwischenmenschlicher Probleme zu entwickeln.

Selbstverständlich spielt Kommunikation auch bei allen Aspekten der Zusammenarbeit mit anderen Menschen eine entscheidende Rolle, des weiteren bei dem Versuch, andere Menschen für die eigene Arbeit zu interessieren und die Interessen von Leistungsanbietern und -empfängern aufeinander abzustimmen, um zu befriedigenden Vereinbarungen über den Austausch von Leistungen zu kommen: Für den gesamten Bereich des Arbeitslebens sowie in seinen privaten Beziehungen koppelt sich ein Mensch ohne ausreichendes Kommunikationsvermögen von sozialen Prozessen ab, verhindert deren Gelingen und fügt dadurch sowohl sich selbst als auch anderen Menschen unter Umständen erheblichen Schaden zu bzw. verhindert mögliche positive Entwicklungen.

Gemeinschaftsgestaltung

Insbesondere im Arbeitsleben, aber auch beim Verfolgen privater und gesellschaftlicher Interessen müssen wir uns vielfach mit anderen Menschen zusammen tun, um bestimmte Ziele erreichen zu können. Das Zusammenwirken von Menschen bei der Verfolgung gemeinsamer Ziele wirft aber die unterschiedlichsten Probleme auf, von deren Bewältigung die Möglichkeit eines konstruktiven Zusammenwirkens ganz wesentlich abhängt. Gemeinsame Wirksamkeit zu organisieren erfordert demnach Fähigkeiten der *Gemeinschaftsgestaltung*. Hauptthemen der Gemeinschaftsgestaltung sind vorwiegend Probleme und Methoden der Selbstorganisation von Arbeits- und Interessengemeinschaften. Einige Schlüsselfragen in diesem Zusammenhang wären:

- Wie kann eine Gruppe von Menschen dazu kommen, gemeinsame Ziele zu verfolgen, ohne individuelle Intentionen dabei zu sehr einzuschränken?

- Wie gehen Menschen innerhalb einer Arbeitsgemeinschaft miteinander um? Wie werden sachliche und zwischenmenschliche Probleme behandelt? Wie transparent ist die Kommunikation? Welche regelmäßigen Begegnungsformen gibt es, und wie werden diese gestaltet?
- Wie werden Beschlüsse gefasst? Wie wird die Einhaltung von Beschlüssen kontrolliert? Was geschieht im Falle der Missachtung gefasster Beschlüsse? Welche Freiräume bleiben den beteiligten Menschen zur individuellen Gestaltung?
- Was ist die geeignete Struktur für eine Arbeitsgemeinschaft? Wie kann sie sich weiterentwickeln und eine zunehmende Vielfalt entwickeln, ohne dabei ihre einheitliche Gesamtausrichtung zu verlieren? Wie lässt sich die Selbstorganisation einer Arbeitsgemeinschaft organisieren?

Demnach wird es bei der Ausbildung von Fähigkeiten zur Gemeinschaftsgestaltung darum gehen, dass die Mitglieder einer Gemeinschaft in der Lage sind, sich realistische Ziele zu setzen, diese gemeinsam zu verwirklichen und dabei auftretende Probleme zu lösen. Für den einzelnen Menschen ist es dabei einerseits wichtig, seinen Zuständigkeitsbereich und seine Aufgaben innerhalb des Gesamtzusammenhanges zu erkennen und die letzteren eigenverantwortlich durchzuführen. Andererseits sollte er dazu in der Lage sein, die Gesamtsituation der Gemeinschaft im Auge zu behalten, damit er dazu beitragen kann, auftauchende Fragen und Schwierigkeiten zu erkennen und sich aktiv an der Lösung gemeinschaftlicher Probleme zu beteiligen.

6) Selbstorganisation von Bildung

Bedingungen sozialer Selbstverwirklichung

Es erscheint mir unbestreitbar, dass die im vorigen Kapitel zusammengestellten Grundfähigkeiten, falls sie einem Menschen zur Verfügung stehen und von ihm in entsprechenden Situationen ausgeübt werden, ein Höchstmaß an individueller und sozialer Selbstverwirklichung garantieren: Wer seine eigene Zeitgestaltung selber *organisieren* kann, sich bezüglich seines Wissens- und Fähigkeitserwerbs selber *auszubilden* vermag, sich bezüglich angestrebter Veränderungen seiner charakterlichen Fähigkeiten selber *erziehen* und seine eigene Lebenssituation, seine Ziele sowie seine jeweiligen Defizite und Fortschritte selbst *reflektieren* kann, um auf dieser Grundlage neue Vorsätze und Entschlüsse zu fassen, umzusetzen und deren Umsetzung wiederum zu reflektieren, dessen Selbstverwirklichung wird im Rahmen der jeweils gegebenen Umstände auf jeden Fall bestmöglich gelingen.

Die Voraussetzungen einer ausschließlich selbstbezogenen Selbstverwirklichung werden durch wesentliche soziale Fähigkeiten ergänzt, welche verhindern, dass die individuelle Selbstverwirklichung einen antisozialen Charakter annimmt, denn Menschen verwirklichen sich niemals isoliert für sich, sondern in einem sozialen Rahmen, der durch ihre individuellen zwischenmenschlichen Beziehungen, ihrer Beteiligung an unterschiedlichen Menschengemeinschaften sowie durch ihre Integration in die Gesellschaft als Ganzes bestimmt ist. Dies erfordert entsprechende Grundfähigkeiten zur *Beziehungsgestaltung* und *Gemeinschaftsgestaltung*, welche wiederum wesentlich von den *Kommunikationsfähigkeiten* des betreffenden Menschen abhängen. Die andere Komponente sozialer Aktivitäten, welche sich nicht auf unmittelbare soziale Prozesse, sondern auf die bewusste Gestaltung von Beziehungs-, Gemeinschafts- und Gesellschafts*formen* bezieht, wäre demgegenüber als *funktionale Sozialgestaltung* zu bezeichnen. Die Fähigkeit zu funktionaler Sozialgestaltung ist insbesondere erforderlich, um sich aktiv an der Bildung und Organisation menschlichen Gemeinschaften zu beteiligen.

Es wurde oben dargestellt, dass *Projektarbeit* die grundlegende Form der sozialen Selbstverwirklichung sowie (als Organisationsform des selbstbestimmten Arbeitens) des gesellschaftlichen Arbeitslebens darstellt. In der Projektarbeit kommen einerseits auf die beschriebene Weise die unterschiedlichen Prozesse der Selbstorganisation, Selbstausbildung, Selbsterziehung, Selbstreflexion, Beziehungsgestaltung, Kommunikation und Gemeinschaftsgestaltung zusammen; andererseits stellt die Ausbildung der eigenen Fähigkeiten zur Selbstorganisation, Selbstausbildung, Selbsterziehung usw. selber jeweils ein eigenes Bildungsprojekt dar. Damit wird die Ausbildung zur Projektarbeit zum Kern eines Bildungskonzepts, welches auf den systematischen Erwerb derjenigen Fähigkeiten abzielt, welche zur sozialen Selbstverwirklichung erforderlich sind.

Soziale Selbstverwirklichung als gesellschaftliches Bildungsziel

Damit wären prinzipiell die Grundlinien eines gesamtgesellschaftlichen Bildungskonzepts formuliert: Eine Gesellschaft, welche die soziale Selbstverwirklichung ihrer Mitglieder zum obersten Bildungsziel machen wollte, müsste die Bildungs- und Ausbildungsgänge an allgemeinbildenden Schulen, Hochschulen und anderen gesellschaftlich relevanten Bildungsstätten so gestalten, dass der Erwerb der genannten Grundfähigkeiten systematisch gefördert und mit höchster Priorität gegenüber allen anderen Bildungszielen ausgestattet wird.

Demgegenüber würden die konkreten Bildungsinhalte einzelner Sachgebiete bzw. konventioneller ‚Schulfächer' vielfach in den Hintergrund treten. Selbstverständlich benötigt ein Mensch, der in unserer Gesellschaft bestehen will, hinreichende Kenntnisse in Deutsch, Englisch, Mathematik usw. Zunächst ist hierbei jedoch nur dasjenige Wissen und Können relevant, welches zur problemlosen Bewältigung des eigenen Alltags *wirklich erforderlich* ist. Falls ein Mensch nämlich mit entsprechenden Fähigkeiten zur Selbstausbildung und zur Projektarbeit ausgestattet wird, so ist er in der Lage, sich die für den Erwerb bestimmter Kenntnisse sowie die zur Ausbildung bestimmter Fähigkeiten erforderlichen Bildungsprozesse *selber zu organisieren,* und zwar genau *dann,* wenn er die jeweiligen Kenntnisse und Fähigkeiten wirklich benötigt, und genau *in dem Ausmaß,* in welchem er sie jeweils benötigt.

Mit einem solchen klaren Ziel des Wissens- und Fähigkeitserwerbs ausgestattet, bekommt der Bildungsprozess eine genau bestimmte Richtung und Dynamik und ermöglicht damit auch eine entsprechende *Selbstmotivation,* um die erforderlichen Bildungsprozesse mit der nötigen Konzentration und Konsequenz selber zu gestalten und durchzuführen. Das wäre allerdings ein Bildungsideal, welches dem Ziel der menschlichen Selbstbestimmung und damit der in unserem Grundgesetz als oberstem Wert proklamierten „Würde des Menschen" weit eher gerecht würde als die auf reproduktiven Wissenserwerb angelegte gesellschaftliche Bildungspraxis an unseren Schulen und Hochschulen, welche hinter den ethischen Forderungen des Grundgesetzes erheblich zurückbleibt und diese zu weiten Teilen in ihr Gegenteil verkehrt, indem sie Menschen zu bloßen Reproduzenten von Wissen und Fähigkeiten – und damit prinzipiell zu *Reproduktionsmaschinen* – auszubilden trachtet.[12]

Unmöglichkeit gesellschaftlicher Reformen

Normalerweise würde sich nun die Frage nach der Möglichkeit gesamtgesellschaftlicher Bildungsreformen stellen: Wie ließe sich das gesellschaftliche Bildungssystem so umgestalten, dass es dem im Postulat der Menschenwürde implizit enthaltenen Ideal der sozialen Selbstverwirklichung des einzelnen Menschen entspricht, indem es die hierzu

---

[12] Vgl. die oben zitierten Ausführungen Hegels zur Ersetzbarkeit des Menschen durch Maschinen. Werden maschinell reproduzierbare Fähigkeiten zum allgemeinen gesellschaftlichen Bildungsideal ausgerufen, so läuft das in letzter Konsequenz auf die Frage nach der Ersetzbarkeit von Maschinen durch Menschen hinaus. Hierbei hat der Mensch auf längere Sicht die schlechteren Karten, denn er wird immer eine unvollkommene Maschine bleiben.

erforderlichen Fähigkeiten systematisch ausbildet und fördert. Dem steht jedoch entgegen, dass die gegenwärtige gesellschaftliche Bildungspolitik nahezu ausschließlich auf die Integration des Menschen in die *gegenwärtig bestehende* Gesellschaft abzielt, weil die führenden politischen und wirtschaftlichen Kräfte das von ihnen angestrebte politische und wirtschaftliche System um jeden Preis zu erhalten und auszubauen bestrebt sind und dieses Ziel durch rechtzeitige Erziehung und Anpassung der Menschen an die bestehenden Strukturen und Zielsetzungen ihrer Machteliten zu erreichen suchen. Diese einseitige *Anpassungsfunktion* von Bildung gewährleistet, dass von einem solchen auf den Erhalt der gegenwärtigen gesellschaftlichen Strukturen ausgerichteten Bildungssystem keine Gefahr für die Stabilität des Gesamtsystems ausgeht.

Unser gegenwärtiges Gesellschaftssystem hat die Voraussetzungen für seine eigene Unreformierbarkeit in Form hierarchischer politischer Strukturen bereits in das System selber eingebaut: Im Gegensatz zu formalen Diktaturen werden in unserer Parteiendiktatur zwar nicht die politischen Herrscher und Gesetzgeber selber, wohl aber die einzelnen unsere gesellschaftlichen Strukturen und unser Verhalten determinierenden Gesetze auf totalitäre Weise über die einzelnen Menschen verhängt, ohne dass diesen wesentliche Möglichkeiten zu inhaltlicher demokratischer Mitbestimmung blieben. Würde sich nun eine größere Anzahl von Menschen für umfassende gesellschaftliche Bildungsreformen einsetzen, so müssten diese aus zumindest drei Gründen scheitern:

1) Derartige Ambitionen würden aufgrund anders gelagerter parteipolitischer Interessen niemals in die Form beschlussfähiger Gesetzesvorlagen gebracht und damit in konkrete Bildungspolitik umgesetzt.

2) Jede Popularisierung wirklich revolutionärer Bildungsbestrebungen würde von den öffentlich-rechtlichen und privatwirtschaftlich gesteuerten Massenmedien sofort rücksichtslos diskreditiert, verleumdet und ggf. kriminalisiert werden, weil die Massenmanipulation der Bevölkerung durch die Medien einen integralen Bestandteil der Unreformierbarkeit eines reformbedürftigen Gesellschaftssystems bildet.

44

3) Und selbst wenn die rechtlichen Möglichkeiten zu einer umfassenden Bildungsreform gegeben wären, reichten das Interesse, das allgemeine Bildungsniveau und die Fähigkeiten der allermeisten Menschen nicht aus, um ein solches Programm in der Praxis erfolgreich zu realisieren. Unter demokratischen Gesichtspunkten wäre nun allerdings eine Bildungsreform, die inhaltlich nicht von einer Mehrheit der Gesamtbevölkerung getragen würde, auch nur schwer zu rechtfertigen.

Um eine gesellschaftliche Reform unseres Bildungswesens durch Gesetzesbeschlüsse zu ermöglichen, bedürfte zunächst unser politisches System einer grundlegenden Reform. Eine solcher Reformversuch würde aber aus genau denselben Gründen scheitern wie eine Reform des Bildungswesens. Aus diesen Gründen halte ich unser gesellschaftliches Bildungssystem – ebenso wie unser politisches und gesellschaftliches Gesamtsystem – bis auf weiteres für unreformierbar.

Selbstorganisation der eigenen Bildung

Beim Erwerb derjenigen Fähigkeiten, die zur sozialen Selbstverwirklichung erforderlich sind, ist der einzelne Mensch aufgrund der einseitigen Anpassungsfunktion der Bildungsprozesse in unseren Schulen und Hochschulen zunächst im Wesentlichen auf sich alleine gestellt. Die zur eigenen Selbstverwirklichung erforderliche Bildung kann deswegen – wie oben bereits erläutert – unter den gegenwärtigen Umständen immer weniger als ein von der Gesellschaft dargereichtes Konsumgut betrachtet werden, sondern bedarf zunehmend der selbständigen Erarbeitung. In meiner Broschüre „Selbstorganisierte Bildung" habe ich dies so zusammengefasst:

„Da also mit einer Veränderung unseres staatlich kontrollierten … Bildungssystems bis auf weiteres nicht zu rechnen ist, werden diejenigen, die hier nicht resignieren und auf eine Ausbildung ihrer Fähigkeiten verzichten wollen, selber für eine Bildung und Ausbildung sorgen müssen, die ihren individuellen Bedürfnissen und Möglichkeiten entspricht. Es bleibt demnach nichts anderes übrig, als sich seine eigene, von staatlichen Vorgaben vollkommen unabhängige Bildung *selber zu organisieren* und sich diejenigen Grundfähigkeiten anzueignen, die erforderlich sind, um das eigene Leben und die eigene Entwicklung selber gestalten zu können" (SB 21).

Da sich der einzelne Mensch bei der Förderung seiner sozialen Selbstverwirklichung immer weniger auf konventionelle Bildungsinstitutionen verlassen kann, muss er sich die erforderlichen Fähigkeiten durch eigene Bildungsanstrengungen selber aneignen. Das kann nur gelingen, wenn sich der betreffende Mensch für die Gestaltung seiner eigenen Bildungsbiographie selber verantwortlich fühlt, die erforderlichen Bildungsprozesse eigenverantwortlich durchführt und den Erwerb dieser Fähigkeiten *selber organisiert*. Auf längere Sicht geht es hierbei also um *die Selbstorganisation und -gestaltung der eigenen Bildungsbiographie*, welche die notwendige Voraussetzung für die Gestaltung der eigenen Arbeitsbiographie bildet (vgl. o. S. 24.)

Probleme

Nun ergibt sich aber an dieser Stelle ein unüberwindlich erscheinendes Problem: Es wurde erläutert, dass sich die Fähigkeiten zur Selbstorganisation, Selbstausbildung, Selbsterziehung und Selbstreflexion als grundlegende Voraussetzungen der Selbstverwirklichung lediglich durch die Selbstorganisation der eigenen Bildung erwerben und ausbilden lassen. Andererseits setzt nun aber die Selbstorganisation von Bildung die beschriebenen Grundfähigkeiten bereits in einem erheblichen Ausmaß voraus: Ersichtlicherweise erfordert die Selbstorganisation der eigenen Bildung grundlegende Fähigkeiten zur Selbstorganisation und Selbstausbildung. Des weiteren wird es darum gehen, Fehler und Schwächen, die sich im Verlauf der Organisation der eigenen Bildungsprozesse zeigen, durch Selbstreflexion zu erkennen und durch Selbsterziehung zu korrigieren:

46

„Meine eigene Bildung selber zu organisieren, verlangt ein ganz erhebliches Maß an Initiative, Willensstärke und Selbstdisziplin, denn es gibt ja in diesem Fall keine äußeren Institutionen mehr, die mich dazu antreiben, meine Fähigkeiten zu entwickeln und an mir zu arbeiten. Statt dessen muss ich die entsprechenden Schritte selber bestimmen, gestalten und dann auch konsequent durchführen, und zwar kontinuierlich und über einen längeren Zeitraum hinweg. Wenn ich dazu noch nicht in der Lage bin, dann muss ich mit die erforderlichen Fähigkeiten zunächst einmal aneignen, und zwar durch Selbsterziehung" (SB 22).

Das zugrundeliegende Dilemma hierbei lautet: „*Die Fähigkeit zur Organisation von Bildung kann nur durch Bildung erworben werden*" (SB 27). Wie lässt sich der Prozess der Selbstorganisation von Bildung dann aber in Gang setzen, wenn doch die Fähigkeiten, die durch diesen Prozess ausgebildet werden sollen, zugleich diejenigen Fähigkeiten sind, die zur Durchführung dieses Prozesses erforderlich sind und deswegen für die Selbstorganisation von Bildung vorausgesetzt werden müssen? Das führt auf die Frage:

„Wie lässt sich die Fähigkeit zur Selbsterziehung erwerben? Grundsätzlich ist dies natürlich wiederum nur durch Selbsterziehung möglich, so dass hier prinzipiell eine völlige Autonomie des Menschen gegeben ist, indem er *durch* Selbsterziehung seine Fähigkeiten *zur* Selbsterziehung ausbildet, *wenn* er das will: Der Anfangsimpuls und die ersten Schritte müssen immer vom einzelnen Menschen selbst ausgehen, indem er eine entsprechende Willensanstrengung vollbringen *will* und vollbringen *kann,* wenn es ihm gelingt, sich mit seinem Willen gegen die in seiner eigenen Trägheit begründeten Wiederstände durchzusetzen" (SB 29).

„Die einzige wirklich notwendige Voraussetzung ist der Wille bzw. die Entschlossenheit, sich selber zu erziehen und umzugestalten. Dieser Wille wird nur dann entstehen können, wenn die Unzufriedenheit mit der eigenen Lebenssituation und den eigenen Fähigkeiten tatsächlich größer ist als die Unlust zur kontinuierlichen

Arbeit an sich selber. ... Jeder einzelne Mensch ist hier vollkommen auf sich selber zurückgeworfen und kann sich fragen, was er bereit ist, zur Ausbildung seiner Fähigkeiten zu unternehmen. Ebenso hat er die Freiheit, auf derartige Anstrengungen zu verzichten" (SB 29f).

Hilfestellungen

Bezüglich der Selbstorganisation seiner Bildung kann sich der einzelne Mensch kaum auf die Unterstützung konventioneller gesellschaftlicher Bildungsinstitutionen verlassen, sondern ist hierbei zunächst mehr oder weniger alleine gelassen. Ob er bei seinen eigenen Bemühungen Hilfestellung und Förderung aus seinem sozialen Umfeld erfährt (durch Eltern, Freunde, seine jeweiligen Arbeitsverhältnisse usw.), hängt von seiner individuellen Lebenssituation ab. Es wäre jedoch eine dringende, auch gesellschaftlich äußerst relevante Frage, inwieweit sich die Möglichkeiten zum Erwerb der zur Selbstverwirklichung und zur Selbstorganisation von Bildung erforderlichen Fähigkeiten in größerem Umfang verbessern und fördern ließen. Ungeachtet der Tatsache, dass Selbsterziehung und Selbstausbildung immer *individuelle* Projekte darstellen und nur aufgrund der Eigeninitiative und Willensanstrengungen des jeweils betroffenen Menschen durchgeführt werden können, hat der Erwerb grundlegender Fähigkeiten jedoch immer auch eine *allgemeine* Seite: Selbsterziehung beinhaltet

„als eine allgemein menschliche Tätigkeit ... – wie alle zielbestimmten menschlichen Aktivitäten – ihre spezifischen Strukturen, Erfordernisse, Techniken und Probleme. Diese allgemeinen Faktoren des Phänomens ‚Selbsterziehung' lassen sich sehr wohl allgemein darstellen und können daher – soweit sie eben allgemein sind – auch allgemein gelehrt und vermittelt werden" (SB 32).

Was hier über Selbsterziehung gesagt wurde, gilt ebenso für die allgemeinen Grundlagen der Projektarbeit, der Selbstorganisation, der Selbstausbildung, der Selbstreflexion, der Beziehungsgestaltung, der

48

Kommunikation und der Gemeinschaftsgestaltung. Um einzelnen Menschen eine wirkungsvolle Hilfestellung bei ihren Bemühungen zur eigenen Selbstverwirklichung und bei der eigenständigen Organisation ihrer Bildungsprozesse geben zu können, wäre es daher erforderlich, *geeignete Techniken und Methoden der Selbstorganisation, Selbstausbildung, Selbsterziehung usw. auszuarbeiten, verständlich darzustellen und zu vermitteln.* In dem Ausmaß, in dem derartige Darstellungen öffentlich und frei zugänglich sind und ihre Verfügbarkeit bekannt ist, stünde es jedem interessierten Menschen frei, sich der zur Verfügung gestellten Materialien zu bedienen und sie in dem ihm geeignet erscheinenden Ausmaß bei der Verwirklichung der eigenen Bildungs-, Arbeits- und Lebensziele einzusetzen.

Selbstorganisierte Bildungsgemeinschaften

Ein weiterer Schritt auf dem Weg zur Verbesserung der individuellen Bildungssituation von Menschen wäre die aufgrund eines gemeinsamen Beschlusses erfolgende Bildung von Arbeitsgruppen zu grundlegenden Fragen der eigenen Selbstverwirklichung: Mehrere Menschen, die an der eigenständigen Erarbeitung eines bestimmten Bildungsthemas interessiert sind, könnten sich zusammenfinden und beschließen, gemeinsam an dem jeweiligen Thema zu arbeiten:

„Es wäre sogar außerordentlich praktisch und effizient, wenn sich eine Gruppe mehrerer Menschen *gemeinsam* die Grundlagen der Selbsterziehung [oder einer anderen für die individuelle Selbstverwirklichung erforderlichen grundlegenden Fähigkeit] erarbeiten würde, weil die Kenntnisse und Fähigkeiten unterschiedlicher Individuen einander hierbei ergänzen könnten. Einsichten und Fortschritte eines Einzelnen könnten der gesamten Gruppe zugutekommen, unterschiedliche Gruppenmitglieder könnten Probleme gemeinsam besprechen, sich gegenseitig reflektieren und ggf. beraten usw. In diesem Sinne hat die gemeinsame Erarbeitung von Fähigkeiten auf jeden Fall wesentliche Vorteile" (SO 32f).

Auch derartige *freie Bildungsgemeinschaften* müssten – zunächst aufgrund der Initiative Einzelner und im weiteren auf der Grundlage des eigenverantwortlichen Engagements aller Beteiligen – von den jeweiligen Interessenten gemeinsam organisiert werden. Die hierbei gemachten Erfahrungen gehören ebenso dem Bereich der *Gemeinschaftsgestaltung* an, wie die Gestaltung der individuellen zwischenmenschlichen Beziehungen in einer solchen Arbeitsgruppe zur *Beziehungsgestaltung* gehören. Alle diese Aspekte können von einer Gruppe mehr oder weniger bewusst thematisiert und gestaltet werden. Insofern stellt die Zusammenarbeit in einer selbstorganisierten Bildungsgemeinschaft auf jeden Fall einen wesentlichen Beitrag zur Ausbildung der sozialen Fähigkeiten aller an der jeweiligen Gruppierung beteiligten Menschen – gewissermaßen ein gemeinschaftliches ‚Sozialpraktikum‘ – dar.

Auch die während der Beziehungs- und Gemeinschaftsgestaltung auftretenden Probleme können wiederum Gegenstand der gemeinsamen Reflexion und Bearbeitung sein. Wenn eine Gruppe hierbei nicht vor ihren eigenen Schwierigkeiten frühzeitig kapituliert, sondern sich bemüht, die jeweiligen Probleme sachlich zu erörtern und geeignete Wege zu ihrer Lösung zu finden, dann kann die gemeinsame Selbstorganisation von Bildungsgemeinschaften ein außerordentlich wirkungsvolles Mittel darstellen, wirkliche soziale Fähigkeiten bei den beteiligten Menschen auszubilden. Und nur diejenigen sozialen Fähigkeiten, die einzelne Menschen bei sich ausgebildet haben, können in die Gestaltung zwischenmenschlicher Beziehungen sowie in die Bildung und Gestaltung von Gemeinschaften einfließen und auf diese Weise gesellschaftlich wirksam werden: Eine Gesellschaft kann nur so sozial sein wie die in ihr lebenden Menschen.

Anhang: Zur Bildungs- und Arbeits-
biographie des Autors

Um den dargestellten Erörterungen noch durch eine persönliche und damit individuelle Komponente zu ergänzen, scheint es mir sinnvoll, einen kurzen Abriss meiner eigenen Bildungs- und Arbeitsbiographie anzufügen, weil daraus hervorgehen kann, wie sich die Selbstorganisation von Bildung für mich als zentrales Thema und Anliegen herauskristallisiert hat.

Nach dem Abitur habe ich zunächst Musikwissenschaften und Erziehungswissenschaften studiert. Mein Interesse an erkenntnis- und wissenschaftstheoretischen Fragen war dann der Anlass dafür, mir ein privates Philosophiestudium zu organisieren, in dessen Verlauf ich mich neben neuzeitlicher Erkenntnis- und Wissenschaftstheorie vor allem auf die Philosophen des Deutschen Idealismus (Kant, Fichte, Schelling, Hegel) und hier wiederum insbesondere auf Hegels *Wissenschaft der Logik* konzentriert habe, die auch weiterhin eines meiner Hauptarbeitsgebiete bildet. Zugleich habe ich mich bereits seit der Zeit vor meinem Universitätsstudium intensiv mit der von Rudolf Steiner begründeten anthroposophischen Geisteswissenschaft beschäftigt, an welcher mich u.a. insbesondere deren erkenntnistheoretische und menschenkundliche Grundlagen sowie die Waldorfpädagogik und die Soziale Dreigliederung interessieren.

Auf dieser Basis habe ich seit 1998 versucht, mich durch Vorträge und Seminare im Bereich der Erwachsenenbildung beruflich selbständig zu machen, was nach einer recht langen und zunächst wenig ertragreichen Anlaufzeit allmählich immer besser gelang. In meinen Veranstaltungen geht es mir vor allem um eine Verknüpfung der innerhalb des Deutschen Idealismus entwickelten dialektischen Denkmethode mit den wesentlichen sozialen Fragen unserer Zeit, wie etwa den Grundprinzipien der gesellschaftlichen Gestaltung (z.B. der Struktur unseres Bildungswesens und unseres Finanzsystems), der Entwicklung des Arbeitslebens in unserer Gesellschaft, grundlegenden Fragen der Pädagogik, einem zeitgemäßen Verständnis zwischenmenschlicher Beziehungen, der Ausbildung einer sozialen Kommunikationsmethode, der Organisation institutioneller Arbeitszusammenhänge, der Entwicklung und Vermittlung von Methoden der individuellen Selbstverwirklichung usw.

Ab 2006 habe ich einige Zeit an der Oberstufe einer Waldorfschule mit Schülern im Sozialkunde-Unterricht am Thema „Arbeit und Beruf" gearbeitet, was sich dann als freie Bildungsarbeit mit Jugendlichen fortgesetzt hat. Durch die Verbindung zum Schulleben boten sich mir Möglichkeiten zu unterschiedlichen Aktivitäten in der Lehrerbildung, wie z.B. die Leitung von Arbeitsgruppen in Kollegien oder auf Lehrertagungen zu einigen der oben genannten Themen. Von dort aus wiederum ergab sich eine Zusammenarbeit mit den Lehrerkollegien einiger Schulen auf intensiven mehrtägigen Seminaren z.B. zu Fragen der Schulentwicklung sowie eine längerfristige Beratungstätigkeit in Bezug auf die Neustrukturierung und Organisation der schulischen Selbstverwaltung.

Aus dem angedeuteten Lebenslauf mag hervorgehen, welche Bedeutung das Thema der Selbstorganisation von Bildung für meine Aktivitäten der letzten fünfundzwanzig Jahre gehabt hat: Da es für das, was mir vorschwebte und erforderlich zu sein schien, weder formale bzw. institutionelle Ausbildungsangebote noch geeignete Lehrer gab, war der Weg in die berufliche Selbständigkeit für mich nahezu ausschließlich eine Frage der Selbstausbildung und Selbsterziehung, inklusive vieler dazu gehöriger positiver wie negativer Erfahrungen.

Das Bedürfnis, Zukunftsperspektiven des gesellschaftlichen Arbeitslebens gemeinsam mit Schülern zu erörtern, hat mich dann in den Gegenpol der Selbsterziehung, nämlich in die institutionelle Bildung hinein geführt; und ich habe dabei immer wieder das Scheitern - und nicht selten auch das Ausbleiben - von Bemühungen um eine freiheitliche Gestaltung sowohl der Pädagogik als auch der schulischen Selbstverwaltung beobachtet: Organisations- und Kommunikationsprobleme, die fast immer aus einem fehlenden Überblick über die jeweilige Situation und einem daraus folgenden mangelhaften Problembewusstsein (aus einem Mangel an Geistesgegenwart also) resultierten, führten zu immer neuen sachlichen und sozialen Unstimmigkeiten. Dabei wurde mir auch deutlich, in welch hohem Maße das Funktionieren des Gesamtorganismus einer Bildungsinstitution von der bewussten Gestaltung der individuellen Beziehungen zwischen ihren Mitarbeitern, zwischen Lehrern und Schülern, Lehrern und Eltern usw. abhängig ist. Ein professionelles, der jeweiligen Aufgabenstellung angemessenes Kommunikationsverhalten bildet hier zu häufig die Ausnahme anstatt der Regel ...

Wer sich in seinen Aktivitäten nicht auf den eigenen unmittelbaren Lebensumkreis beschränken will, der dürfte verstärkt an Fragen der Gesellschaftsgestaltung interessiert sein. Die durch Politik und Wirtschaft in den letzten ca. 30 Jahren systematisch vorangetriebene Verelendung unserer Gesellschaft in Bezug auf Bildung, soziale Standards und wirtschaftliche Gerechtigkeit erfordert nach meiner Überzeugung einen neuen Ansatz der Selbstorganisation, der sich eben nicht auf herkömmliche Institutionen und gesellschaftliche Bildungsangebote stützen kann. Da aber auch in sogenannten freien Bildungsinstitutionen mit großer Hartnäckigkeit und Regelmäßigkeit immer dieselben Probleme auftreten, halte ich es für unumgänglich, diese fundamentalen Probleme der menschlichen Entwicklung und Sozialgestaltung als solche zu behandeln und Methoden zu ihrer gezielten Überwindung auszubilden: Nur Menschen mit entsprechend ausgebildeten Fähigkeiten werden die Möglichkeit haben, mit sozialen Problemen konstruktiv umzugehen!

Der Umstand, dass es keine Institutionen gibt, welche die angesprochenen Fähigkeiten gezielt vermitteln, führt zur Idee der *Selbstorganisierten Bildung*, in der es darum geht, sich einerseits für seine eigene Bildung selber verantwortlich zu fühlen und andererseits mit anderen Menschen zusammen geeignete Bildungsformen zu entwickeln, um möglichst viele Menschen beim Erwerb grundlegender Fähigkeiten zur Selbstverwirklichung und zur sozialen Gestaltung zu unterstützen.

Da sowohl die individuelle Selbstverwirklichung wie auch die Entwicklung grundlegender sozialer Fähigkeiten in unserer Gesellschaft immer mehr der Eigeninitiative der betroffenen Menschen überlassen bleibt, ohne dass sie hierbei mit Unterstützung und Förderung durch unser Bildungs-, Wirtschafts- und Sozialsystem rechnen könnten, ging es mir in den letzten Jahren vor allem darum, praktikable Methoden der individuellen Selbstverwirklichung auszubilden, deren Vermittlung momentan mein wichtigstes praxisorientiertes Arbeitsanliegen darstellt. Dieser Bereich erstreckt sich auch auf die Arbeit an den sozialen Grundfähigkeiten der Kommunikation sowie der Beziehungs- und Gemeinschaftsgestaltung.

In diesem Zusammenhang hat die *individuelle Beratung* – insbesondere bei biografischen Krisen und persönlichen Entwicklungsproblemen – in letzter Zeit für mich eine größere Bedeutung gewonnen, da sich viele individuelle Problemsituationen nicht befriedigend in Gruppen erörtern lassen, sondern lediglich in Einzelgesprächen offen und ausführlich zu bewegen sind.